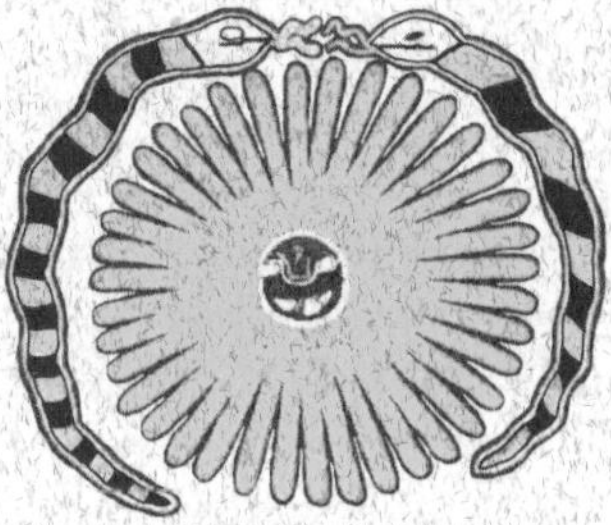

メキシコ多文化 思索の旅

高山智博

山川出版社

メキシコ多文化　思索の旅

メキシコ
アメリカ
サンディエゴ
ティフアナ
メヒカリ
フェニックス
メンフィス
シウダー・フアレス
ダラス
オースチン
ニューオーリンズ
チワワ市
サンアントニオ
ヒューストン
ヌエボ・ラレド
トレオン
サルティーリョ
モンテレイ
モタモロス
フレスニーリョ
メキシコ湾
マサトラン
サン・ルイス・ポトシ
サンタ・カタリーナ
タンピコ
ベリーズ
ポサリカ
太平洋
クエツァラン
グアダラハラ
レオン
プエブラ
メリダ
マンサニーリョ
メキシコ市
ベラクルス
テポストラン
オアハカ市
アカプルコ
トラコルーラ
テワンテペック
サリナ・クルス
フチタン
グアテマラ市
トゥストラ・グティエレス
チャムラ
グアテマラ
エルサルバドル
ホンジュラス
1 ソノラ州
2 チワワ州
3 コアウイラ州
4 ドゥランゴ州
5 サカテカス州
6 サン・ルイス・ポトシ州
7 ナヤリー州
8 ハリスコ州
9 コリマ州
10 グアナフアト州
11 モレロス州
12 プエブラ州
13 ベラクルス州
14 オアハカ州
15 タバスコ州
16 チアパス州

メキシコ多文化　思索の旅

目次

先住民文化

メスティソ文化

メキシコ文化の葛藤

写真・高山智博

『孤独の迷宮』は、筆者による新訳である。

引用文中の〔 〕でくくった部分は、筆者による挿入で、原文と区別した。

手紙などの引用にあたっては、旧かなづかいを現代仮名づかいに改め、旧字を新字表記にするなど、当時の雰囲気を損なわない程度に読みやすさを考慮して書き改めた。

各章の扉にある図について

メキシコの国章は、「ワシがサボテンの上に止まっている地を求めよ。そこが民族繁栄の地なり」というアステカの主神のお告げに由来する。その場所に建てられたのがメキシコ・テノチティトラン、つまり現在のメキシコ市である。

あるウィチョール族の生活

わたしどもが大都会メキシコ市のどまんなかで出会ったウィチョール族の男は、イヒニオ・デ・ラ・クルス・サンティアゴといい、サブレメ（枯れ葉）というウィチョール語の名もついていた。

かれは一九四〇年にハリスコ州のサンタ・カタリーナ・コエスコマティトランで生まれた。父親はかれが生後二カ月目に亡くなり、母親も他の男のもとへ行ってしまったため、祖母の手で育てられた。しかしいまは、その母親とも所詮、「親は親」なので仲よくやっている。故郷には母親と二人の姉、それに父方のおじが住んでおり、かれらの生活はいまもむかしもあまり変わっていない。サンタ・カタリーナは、ウィチョール族の主要な五つのコムニダー（共同体）のひとつである。ほかにトゥスパン・デ・ボラーニョス、サン・セバスティアン・テポナウアトラ、サン・アンドレス・コアミアタ、グアダルーペ・オコトランの四つがある。ウィチョール族の人口は、八千から一万。かれらの大半はハリスコ州（ウィチョール族の人口の六六パーセント）とナヤリー州（同二〇パーセント）に住み、それにドゥランゴ州とサカテカス州にも多少住んでいる。

それぞれのコムニダーには固有の政治組織があり、その自治はかなり守られている。コムニダーの権力者にはゴベルナドール（長官）、フエス（判事）、カピタン（隊長）、アルグアシル（警吏）の四人がいて、おのおのに補佐がつく。ゴベルナドールの意見は、ほとんどの場合決定的であり、かれはフエスとともに裁判も主宰する。カピタンは警察の役目を果たし、アルグアシルは牢屋の看守のことである。かれらの任期は一年で、毎年交代する。

大自然のなかにぽつんとたつ家

イヒニオの故郷サンタ・カタリーナへ行くには、まずメキシコ北部のサカテカス州フレスニーリョに赴き、そこから別のバスでウエフキーリャ（ハリスコ州）まで行く。あとは道なき道を四、五時間、マツやスギの生える広漠たる高原を歩かねばならない。イヒニオの母親の家から隣の家まで一時間、サンタ・カタリーナの中心までは、さらに五、六時間もかかる。ウィチョール族のすみかは海抜千メートルから三千メートルに至る西シエラ・マドレ山脈のなかにあり、そこはメキシコのなかでももっとも孤立した、近よりにくい地域といってよい。コムニダー内での交通機関は徒歩かウマであるが、サン・アンドレスなどには滑走路があり、都市に出るには飛行機を利用することもできる。

大自然のなかにぽつんとたつイヒニオの母親の家は、母屋ともいうべき棟と、母親の寝室に使われている家、それに姉の家、高床の穀物倉などにわかれている。そのほか、柵のなかにはウシが二頭、中庭にはニワトリが十羽ほどおり、イヌとネコも飼っている。また、スモモの木も五、六本植わっている。ウィチョール族は、いわゆる拡大家族の形態をとっているのである。

家屋はどれも伝統的なつくりをしている。石と泥、それに葦を編んだもので壁をつくり、わら草で屋根をふく。入口は一カ所で、窓はない。部屋はふつう一間しかなく、土間には、石を並べた炉があり、寒いので一日じゅう、火をもやしている。

家はそばにわき水か川がある場所に建てられている。そこは動物の水飲み場でもあるので、あまりきれいとはいえない。もちろん、水道も便所もないし、電灯もない。あかりとしてはマツの木をもやすだけである。水くみは女たちの重要な仕事であり、たきぎとりは男たちの役目である。

ウィチョール族の生業は農業である。しかし、かれらの先祖は元来メキシコ北部に住んでいた狩猟採集民だったと考えられるので、農耕は無論、十六世紀にスペイン人がやってくる以前ではあるが、かなりのちの時代になってからのものであろう。そこでは、メキシコ起源の栽培植物として知られるトウモロコシ、フリホーレス（インゲンマメ）、カボチャ、チレ（トウガラシ）などをつくっている。土地はすべてコムナル（共有地）であり、売買は許されない。そこを掘り棒かウシがひくすきで耕作する。灌漑施設などはなくて、雨にたよる天水農業である。

しかし牧畜に向いた草地では、乳牛を放牧している。イヒニオのおじはウシをたくさん飼っているので金持ちといえる。いうまでもなくウシなどの家畜はスペイン人による征服以降のもので、それ以前には家畜といえるのはイヌ（食用にもした）と七面鳥くらいしかいなかった。ウィチョール族のあいだでは一夫多妻婚が認められており、かれには妻が六人もいるという。乳牛の飼育のおかげで、牛乳を飲んだり、チーズを製造したりもする。しかし通常の食事は、主食として、トウモロコシでつくるトルティーリャ、それにフリホーレスの煮物（塩味で、タマネギ、エパソテというにおいのする草などを入れたもの）、チレのソース（トマトといっしょにすりつぶしてつくったもの）、ノパルのサラダ（ウチワサボテンの若葉をこまかく切り塩を加えて煮たものにトマトなどをまぜたもの）などである。

最近は農家でも、メタテ（三脚付きの皿状の石臼）とマノ（石棒）を使ってのマサ（トウモロコシのこね玉）

つくりは、重労働なのでやらなくなり、モリーノ（粉挽き場）で買ってきたマサでトルティーリャをつくる。しかしここではまだ、乾いたトウモロコシの粒を石灰の水に浸して一夜おき、それをメタテとマノですりつぶしてマサをつくることからはじめねばならない。マサから適当な分量をとり、両方の手のひらでたたきながら、まるくのばしたものがトルティーリャであり、それを土製（または鉄製）のコマルという円盤の上であぶって食べる。食事の内容はきわめて質素だが、手づくりの味はなんともいえなくおいしい。

民族衣装を着て土着語をしゃべる

かれらの食生活はほとんど自給自足だといっても、塩、砂糖、インスタントコーヒーなどの必需品は近くの町で買わねばならない。そのためには月に一度、町へ出稼ぎに行く必要がある。

肉は祭りのときにだけ食べる。それ以外のときに家で家畜を殺すと、わざわいが起こると信じられている。イヒニオも家畜を「兄弟みたいに感じる」といっていた。したがって普段、肉を食べるとすれば、町の店で買った乾し肉であろう。

酒も祭りのときにしか飲まないらしい。他の先住民の村で、アルコール中毒が大きな問題になっているのとは対照的だ。伝統的な酒に、ソトル（同名のユリ科植物を発酵させてつくる酒）とテフイノ（トウモロコシ製の発酵酒）がある。近年、コナスポという政府経営の食料品店がウィチョール社会にも設置されたので、瓶詰めの清涼飲料水は飲まれている。もちろん、メキシコ市に住むイヒニオは酒好きで、

HUICOT

〈右上〉民芸品市場として人気がある、メキシコ市のシウラデーラ市場の脇にあるイヒニオの家の前で、かれの家族とともに。1984年、中央が著者。妻のフリアは、ビーズ細工を仕事としている

〈右下〉ウィチョール族は広漠とした西シエラ・マドレ山脈に住んでいるので、都会へ出るには飛行機を利用することもある。妻子を従えた夫の姿に、先住民男性ならではの風情が感じられる

〈上〉羽毛飾りをつけて伝統的な儀式をおこなうウィチョール族のシャーマン。かれらの祭儀には、古代からの伝統的なものとカトリック的なものとの、融合や並存がみられる

時には昼間からビールを飲んでいる。

女たちは炊事や育児のほかに、縫いものをする。イヒニオはメキシコ市で伝統的な民芸品づくりで生計をたてているが、故郷の人びとは、自分たちの着物だけをつくる。莫大な時間をかけて原色のみごとな刺繍を上着やズボン、あるいはベルトにほどこす。われわれにはびっくりするほど奇抜なその民族衣装も、日差しの強い大自然のなかでは、不思議とよく似合うのである。

ウィチョール語はかつてのアステカ語(つまりナワトル語)とも近いユト・アステカ語族に属する。コムニダーではみながその土着語をしゃべっており、イヒニオの母親のようにモノリングァル(一言語使用者)でスペイン語を話せない者もおおい。その割合はかれらの人口の六〇パーセント(一九七〇年)にものぼる。

ウィチョール族のあいだでは、内婚制をとっており、メスティソ(スペイン人と先住民の混血)との結婚は、民族のアイデンティティ(自己同定)を失うもととなり、集団の結合を危機にさらすものと考えられている。かれらは一般に気さくで、人がよいが、外部の人に対しては、許可なしではコムニダーに入れないなど、すこぶる閉鎖的な社会を構成しているともいえよう。

世界はすべての者のためにある

イヒニオは妻のフリアと四人の子どもたちといっしょに、メキシコ市の下町で生活している。かれがはじめてメキシコ市にやってきたのは十五歳のときだった。土地の仲間といっしょに出てきたが、かれらは自分を一文なしにして置き去りにしたという。その後、故郷に戻り、畑仕事をしたり、祭りのときに、おじに教わったバイオリンをひいたりしていたが、十三年前にまた、妻を連れてメキシコ市へ出てきた。当初は肉体労働など単純な仕事をしていたが、民芸品をつくる仕事をやりだしてから、それに興味をもち、いろいろと勉強して、現在のような毛糸細工の絵やビーズ細工をつくるようになった。自分や妻がつくる民芸品の技法やモチーフは故郷で学んだものだが、毛糸は故郷で使っているようなな太いものではなく、もっと細い色鮮やかなものを使っている。毛糸細工のつくり方は、画板に蜜蝋を塗り、その上にさまざまな色の毛糸をはりつけて絵を描いたもの。ビーズ細工は、ヒカラというヒョウタンに似た果実製の椀に、ビーズで模様をつけたもの。材料のビーズは日本製である。そのモチーフはともに、神がみへの祈願を内容としている。したがって、原色の鮮やかな幻想的絵画ではあるが、俗にいわれるような、ペヨテ（烏羽玉というサボテン）を食べると起こる幻覚をもとにした絵といったものではない。二人がつくる民芸品はメルカード（市場）で売るためでなく、すべて注文品である。顧客には、本物の価値がわかる何人かのメキシコ人のほか、アメリカ人、ドイツ人、日本人などの外国人もいる。

イヒニオはメキシコ市で自然にスペイン語を覚え、どうにか読み書きもできる。しかし学校へは行ったことがない。故郷には、いまは小学校があるが、むかしはなかった。そのうえ、学校に行くだけの金もなかったからだ。

かれらは三年前から民芸品市場の脇にある一部屋を借りて住んでいる。民芸職人組合の会長が友人なので、世話してもらったのだ。そのあと、他の部屋にナワ族(プエブラ州)、トゥリキ族(オアハカ州)、それにチャムラ(チアパス州、ツォツィル族の共同体)出身の三家族が住むようになった。かれらもそれぞれの民芸品をつくっているが、自分たちのように複雑なものではない、とイヒニオはいう。かれらは簡単な織物をつくり、それをメルカードで売っている。

「自分らはスペイン語もどうにか話せるし、都会の生活にも慣れた。しかしいつもウィチョール族の衣装を着ている。けったいな服だと笑う連中もいるが、笑いたい者には笑わせておけばいい。その連中は教養がないのだ。文化とはなにかを知らないのだ。自分にはなにをいってもひびかない。わしらは先住民だ、連中は自分たちだけが世界の主人だと思っているが、世界はすべての者のためにある。でも、先住民のなかにも、町に出ると、民族衣装を捨て、洋服を着、ネクタイをしめ、靴をはく者がいる。しかし、自分は生まれたときからこの衣装を着ているので、死ぬまで着つづけるだろう。それぞれの習慣があるのだから、この着物をつけていても、だれの迷惑にもならない。近ごろは逆に、この着物を素晴らしいといってくれる者もおおい」。イヒニオはおおくのウィチョール族とおなじく誇り高い人間でもある。

かれによれば、最初にウィチョール文化を理解してくれたお偉方はエチェベリーア大統領(在任一九七〇~七六年)であった。エチェベリーア大統領といえば、中産階級以上の人びとのあいだでは、経済を混乱に陥れた張本人として評判がよくないが、下層階級の人びとのあいだではよい。この大統領が先住民のためにいろいろと援助してくれたからだ。その政権以前は、ウィチョール社会に外部の者は

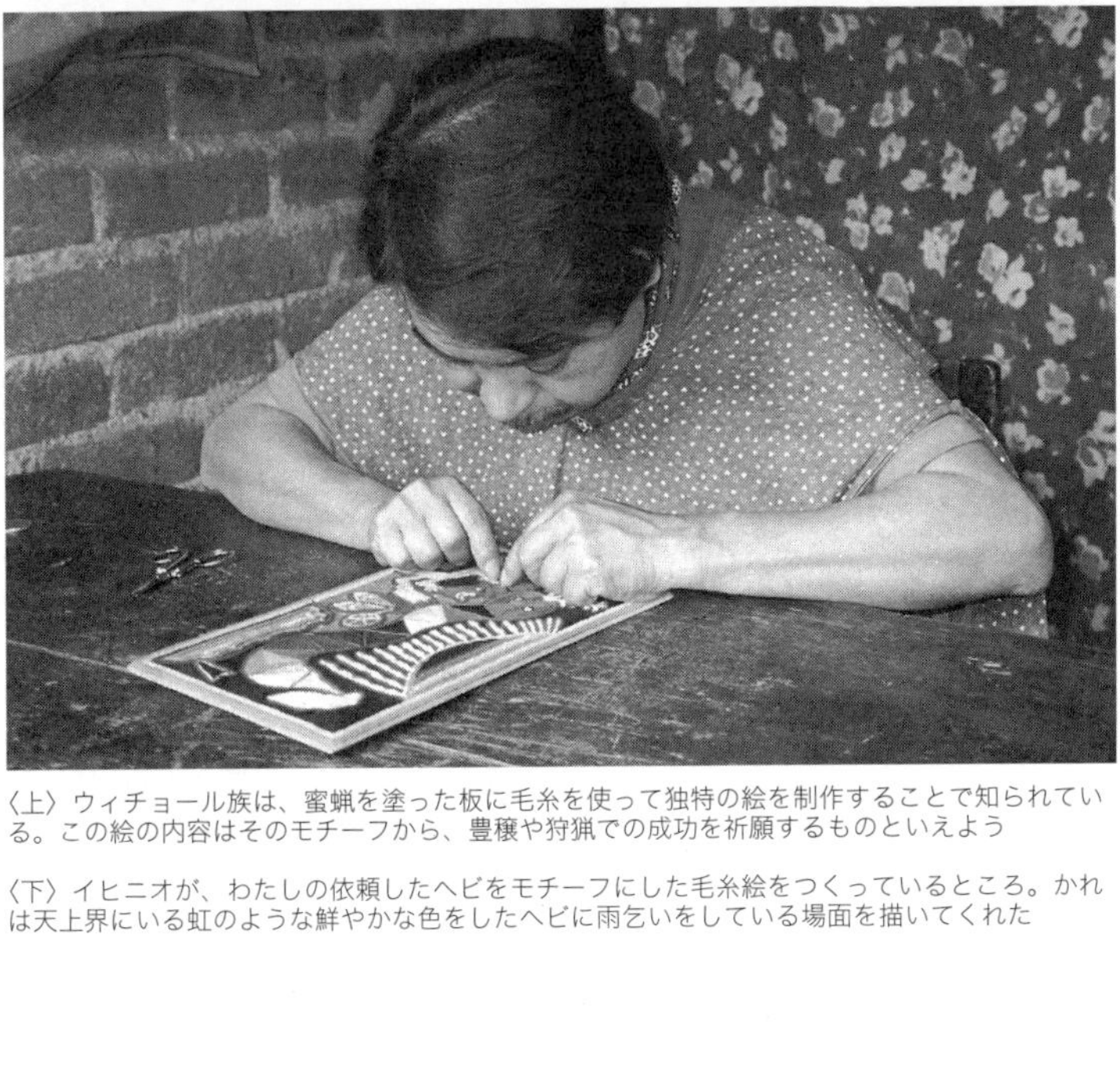

〈上〉ウィチョール族は、蜜蝋を塗った板に毛糸を使って独特の絵を制作することで知られている。この絵の内容はそのモチーフから、豊穣や狩猟での成功を祈願するものといえよう

〈下〉イヒニオが、わたしの依頼したヘビをモチーフにした毛糸絵をつくっているところ。かれは天上界にいる虹のような鮮やかな色をしたヘビに雨乞いをしている場面を描いてくれた

ほとんどだれもはいれなかったし、はいっても写真すら撮らせてもらえなかった。かれらに対する不信感が強かったからだ。そのエチェベリーア時代、イヒニオは政府経営の民芸品店「ホナート」で働いていた。大統領の妹がかれの長女の代母になってくれたのもそのころである。

カトリック聖人と土着の神がみが融合

メキシコ市に住むイヒニオは、先住民会議のメンバーとして、ウィチョール族の代議員にもなっている。そのため国内ばかりでなく、米国アリゾナ州のメサやテキサス州のサン・アントニオ、あるいは中米のエル・サルバドルで開催された会議に出席した経験がある。米国のインディアンのあいだでもペヨテを食べる習慣があるが、それらの知識をメキシコの先住民、特にウィチョール族から学んだものとして、先住民会議では、ウィチョール族は特別な扱いを受けるそうだ。

ウィチョール族は外来の文化をある程度受け入れながらも、かたくなに伝統文化を保持してきた数すくない民族集団である。そのウィチョール族はペヨテを神聖なものとみなし、それを食べると起こる幻覚を、神がみのお告げだと考えている。かれらは農閑期の二、三月に四十日もかけて、ペヨテが自生するサン・ルイス・ポトシ州のレアル・デ・カトルセ(ウイリクータ)まで、歩いてペヨテ狩りの巡礼の旅に出かける。この巡礼に同行したある学者は、これを根源への回帰、つまり母体への回帰を象徴的にあらわしたものだと解釈している。しかしこれは性的なものというより、豊饒《ほうじょう》を意味するものらしい。

イヒニオはペヨテを食べたことがあるが、かれが食べる程度の分量では、幻覚はみえないそうだ。食べると力がわきでて、飢えも渇きも感じなくなるという。かれの言葉によれば、「幻覚をみるのは祖先の神がみと接触をもつ者だけだ」。かれにはまだそのような叡智《えいち》がないので、みえないともいっていた。しかし自分にもペヨテ狩りの巡礼に参加する順番がまわってきたら、「自分や家族のためにも、行かねばならない」と考えている。

イヒニオは、自分がメスティソではなくて、純血だから、民族の伝統は守らねばならないという。「自分らはメスティソのようにあいまいな存在ではない。固有の文化をもっている。自分らの神殿が存在するかぎり、ウィチョール族の伝統は守りつづけられるにちがいない」。

ウィチョール族はカトリック信者である。したがって、イヒニオの母親の家にも、グアダルーペの聖母の絵が飾ってあり、それにロウソクをともして祈る。しかしそれと同時に、先祖代々伝わっている神がみも信じている。かれらは土着の神がみを「われらの祖父」、「われらの父」、「われらの母」といった名でよぶ。「われらの父」は太陽をあらわし、雨の女神のことは「おば」とよぶ。そして雨の女神にはウシをいけにえにして捧げる。またトウモロコシの収穫祭には、テポという聖なる太鼓をたたき、一晩じゅう、かがり火のまわりで歌ったり踊ったり、酒を飲んだりして過ごす。ウィチョール族も、他のメキシコの先住民の場合と同様、カトリックの聖人を土着の神がみと融合した形で信仰している。つまりシンクレティズム（宗教的混淆）の現象がみられるわけである。

メキシコ市の生活に慣れ、たずねてくる客にも、陽気に冗談を飛ばすイヒニオではあるが、かれの望郷の念は強い。上の娘が中学校を卒業する二年後には、自分の「親愛なる村」へ戻りたいという。単調で貧しいかもしれないが、広大な自然と独自の文化をもつかれの故郷のほうが、人間疎外や公害に病むメキシコ市よりも居心地がよいのだろう。故郷では農民として生活するが、かれには民芸品を買ってくれるパトロンがいるので、ときどき、メキシコ市へ出てそれを売ればよい。それに娘も、ウイチョール語とスペイン語のバイリングァル（二言語使用者）の語学教師になりたいといっている。ふるさとでは家族が心をひとつにして穏やかに暮らしていけるだろう。

ケツァルとボラドールの踊り

一九八五年八月、メキシコ市から一路、高速道路をプエブラ州の州都プエブラへと向かう。そこからサボテンや竜舌蘭の群生している高原を、サラゴサ、さらにサカポアストラへと進む。車が山道にさしかかると、風景はしだいに針葉樹や野生ランが自生する緑濃い景観に変わっていく。サカポアストラから約三十五キロ、よくもこんな山奥まで舗装したものだと感心するほど奥地の、霧に包まれた坂道をくねくね曲がりながら行くと、突如、古風だがどっしりした石造りの町があらわれる。メキシコ市から車を飛ばして五時間、ここが民族衣装と踊りで有名なクエツァラン(「ケツァル鳥の地」)である。

わたしどもの車が教会前の広場へ着くと、そこにたむろしていた二、三人の子どもが、「どこへ行くの、道案内してやる」、といって、小雨の降るなかを追いかけて来る。その必要はないから、といって車のスピードをあげ、この小さな町をほぼ一周したが、最後まで追ってきたメスティソ(スペイン人と先住民の混血)の子どもに、チップをねだられる。勝手についてきたのだからと思っても、玉のような汗を流しているその顔をみると、小銭をやらないわけにはいかなかった。

さっそくホテルに荷をおろして、食堂で昼食をとる。道路に面したその食堂は、ガランとしていた。だが、じきに何人もの民族衣装姿のナワ族の女性やメスティソの子どもたちに取り囲まれ、かごなどの民芸品や、この地帯でみつかる「雷石」(形成途中の黄鉄鉱)を売りつけられる。

その五年前、わたしがクエツァランへきたときは、まだこういった物売りはいなかった。確かにここは変化し、急速に観光化してきている。

大自然に浮かぶ不夜城

クエツァランは二四四平方キロのひろがりをもつムニシピオ（行政単位の名称、一九八〇年現在の人口は二万八八七七人）と、カベセラ（その行政府がある町、人口はムニシピオの約一五パーセント）から成る。このムニシピオは東シエラ・マドレ山脈の一部を構成する、プエブラ山地の南西部に位置し、海抜七百メートルから二千三百メートルの地帯にある。気温は、暑い時期で摂氏二十三度、寒い時期で摂氏十度という亜熱帯的気候の地である。雨がひじょうにおおく、その自然は濃い緑でおおわれている。ここは農耕に適し、トウモロコシの二期作も可能である。オレンジやバナナ、あるいはマメイやサポテなど土地の果物の栽培も盛んだ。またコーヒーの産地として知られている。

舗装道路の終点がクエツァランのカベセラ、つまり町であり、その住民は白人かメスティソである。しかし、かれらは一般にメスティソの名で総称されている。先住民は町の周辺部に住んでいるが、そのほとんどすべてがナワ族である。クエツァランのムニシピオには一九八〇年現在、一万七五六三人のナワ族がいる。かれらはナワ語（正確にはナワトル語の方言であるナワット語）を話すが、半数以上の者はスペイン語も話せる。老人と女性には、土着語だけしか話せない者がおおい。

クエツァランのような場所が、人類学者のいういわゆる「避難地域」に当たる。つまりこのような都市から遠く離れた辺鄙《へんぴ》な場所だからこそ、現在まで独自の先住民文化（といっても、先スペイン期の文化そのものではなく、ヨーロッパ起源の文化の影響を受けながら形成されたもの）を保持し得たのである。

しかしそのような「避難地域」も、先住民だけで完全に孤立して生活しているわけではない。クエッァランの場合のように、かれらの住む中心には、メスティソの町が存在するし、近くのトトナカ族など他の民族集団との交流もある。

メスティソと先住民の関係は、支配者と従属民といったスペイン植民地時代からの社会構造をかなり反映している。その地域の行政や経済をメスティソが牛耳っているからだ。それはメスティソを「ヘンテ・デ・ラソン」（理性の人びと）、先住民を「インディート」（インディオの縮小辞）と差別したよび方が存在することからも察せられよう。

ところで、クエッァランはむかし、メキシコ湾岸に住むトトナカ族の領地の周辺部に位置していた。そのことはクエッァランにヨワリチャン（ナワ語で「夜の家」の意）というトトナカ文化に属する古代遺跡があることからも明らかである。この遺跡は一九六五年から発掘調査がはじめられ、一九七九年に終わったが、トトナカ語でこの地をなんとよんだかは、ついに確認できなかったという。ナワ族がクエッァランにやってきたのは一四五一年ころである。当時、中央高原のアステカ帝国が旱魃にみまわれて大飢饉となり、その結果、住民の一部がこの地に移住して、そのまま住みつき現在に至っている。

一五二一年にアステカ帝国がスペイン人によって征服されたのち、この地方にもキリスト教やスペイン文化が伝わったが、白人が移り住むようになったのは、すでにメキシコがスペインから独立した十九世紀も末になってからのことである。イタリア移民などがテシウトランやマルティネス・デ・ラ・トーレに住むようになり、それらの場所から、徐々にプエブラ山地へと移っていった。特にメキ

プエブラ山地の山奥に位置するクエツァランの町には坂道がおおく、その石畳の道に白壁の石造りの家が立ち並んでいる。尖塔がある建物は聖フランシスコ教会である

シコ革命(一九一〇年)以降、かなりの白人がはいりこみ、先住民をそこから追いだしたのである。

したがって、クエツァランの石造りの家はそれほどふるいものではない。町の中心にある聖フランシスコ教会も、二十世紀になってからの建物である。その建築様式は、植民地時代に建てられた教会のように、バロックなどといった一定の様式をもつものではなく、さまざまな様式がまざり合っている(そのもとの教会は一七九〇年に建立され、一九〇四年まで存続したという)。

聖フランシスコ教会の隣にある町役場は、ローマにあるバシリカ様式の建築を模倣したものだそうだ。その屋根の上には、メキシコの国民的英雄とされるアステカ帝国最後の王クアウテモックの像が不釣り合いの形でそびえている。この建物の前のテラス状になった場所に、キオスコ(野外音楽堂)がある小公園と、日曜日に市が立つ広場がある。「ボラドールの踊り」のための柱はここに立っている。

町の石造りの大きな家いえに特徴的なのは、屋根に長いひさしがついていて、雨に濡れずに歩道を歩くことができることだ。町には学校、医療センター、それに銀行もある。また観光客用だろうが、ある建物にディスコの看板が出ていた。電灯が町につくようになったのは、一九六六年のことだが、いまではその中心部全体が、まるで大自然に浮かぶ不夜城のように、街燈であかるく照らしだされている。

市《いち》は異民族交流の場

わたしがこの町に泊まった晩、その広場で政府派遣の巡回劇団による劇が上演されていた。それは、農村の若者に都会に出るよりも田舎にいるほうが幸福だということを教える内容のものであった。確かに、メキシコ市はいま、一八〇〇万という世界一の人口を抱えて、にっちもさっちもいかなくなっている。その人口急増のもっとも大きな原因が、農村からの人口流入なのである。こうして農民が都市に出てきても、十分な職や住宅が確保されているわけではない。メキシコ市には、スラムに住む職の安定しない人びとが多数いて、市民生活全体を脅かしつつあるからだ。

町の有力者には、食料品、民芸品などを扱う商店主、コーヒーのバイヤー、あるいは大規模なコーヒー園の所有者などがいる。かれらの生活様式は、都市のそれと大差はない。

メキシコでは一般的にみられる現象だが、先住民のおおいムニシピオのなかにあるメスティソの住む町は、交易の中心地でもある。クエツァランもその典型であり、特に日曜日の露天市はたいへんな人出で賑わう。民族衣装をまとったナワ族の男女が、舗装されていない小道をとおって続々とやって来る。

最近の現象だろうが、市の露店はどれもビニールの白い布でおおわれている。雨がおおいからだ。同様に人びとも、雨具としてビニールの四角い布を頭からかぶっている。売り子には先住民の血が濃いメスティソがおおい。かれらは、この日周辺の都市からやってきた者たちで、変わりばえのしない洋服やセーターを着ている。もちろん先住民の売り子もいる。かれらは高地に住む別のナワ族か、低地のトトナカ族で、衣装やもちものでその区別ができる。こうした異民族間の交易はむかしからおこなわれてきたことなのである。

この日曜市で売られているものにはつぎのようなものがあった。主食のトウモロコシ、煮豆料理にして毎日食べるフリホーレス、これらは升で量って売られる。それにトウガラシ、トマト、ネギ、ソラマメ、キャベツ、ジャガイモ、赤ダイコンなど。果物ではリンゴ、マンゴ、アボカド、ツーナ（ウチワサボテンの実）、スイカ、グァバ、スモモ。根菜類のヒカマ、大きなキノコ。肉では豚肉、その店頭につるっとしたブタの頭がさがっている。鶏肉、川魚、かわったところではアルマジロ（ヨロイネズミ）の焼いた肉。めずらしい形のエビ、これは売り手の男が川で採ってきたのだといっていた。ひと山百ペソ（一九八五年八月当時、日本円で約七十円）という安さだ。薬草類、黒砂糖、岩塩、石灰の塊。それにパンや飲みものを売る店もある。

衣服では、ナワ族が日常着ている刺繍のある白いブラウス、腰に巻く幅広の帯。観光客向けでもあるウイピル（この地方では貫頭衣型の上着というよりも肩かけ）、サラペ（毛布）。これには、模様はおなじだが、地味な色と派手なものとがある。店により、おなじ品物でも値段が四千ペソ、五千五百ペソとかなりちがっていた。各種の袋やレボッソ（ショール）もある。しかし、都市でつくった工場製の服を売る店もおおい。シャツやスカート、どれも赤や黄や青の原色で、いかにも安物といった感じだ。上着やズボンもいろいろある。こうした服を着るナワ族がふえてきているのであろう。木綿、ナイロン、レイヨンなどの布地、あるいはボタンや糸などの雑貨も売られている。プラスチック製のバケツや洗濯桶とともに、伝統的な壺や土なべもみられる。

はきものは靴のほかに、むかしながらのワラチェ（革のサンダル）も並べられている。ワラチェをはくか否かが、先住民であるかないかを決める要素のひとつにもなっている。ソンブレロ（つばのある帽子）をかぶったナワ族の若者たちが大勢取り巻いている店があったので、覗いてみたら、時計を売っていた。時計をもつことがかれらのあいだの流行とみえる。しかし露店なので、その品質のほうはどうなのかと思った。品のいい老婆が、赤紫色のユリ科の花、マルガリータ、ダリアなどの小さな花の店をだしていた。彼女の頭は、紫色の毛糸の束を髪に巻きつけて高く結いあげた伝統的な髪型であった。マスタワルというこの髪型をする者は以前はもっとおおかったにちがいないが、いまでは祭りのときだけで、日常はほとんどみられない。

先住民にとって市は、単に品物を売買するところだけでなく、情報交換やリクリエーションの場のひとつでもあり、同時にメスティソとの経済取引の場でもある。トウモロコシやフリホーレス（インゲンマメ）の値段は、すぐに農業労働者の給料などに反映するからだ。

町の識者のなかには、民族衣装を着ている者がすくなくなったとか、民芸品があまりつくられなくなったとかいって嘆く者もいる。しかしそれはある面でメスティソのエゴではなかろうか。先住民はかれらの観光のための道具ではないのだから。先住民はそれなりに、変化しつつも、固有のものを残そうと努力しているのである。

カトリック行事が村を維持

サワ族の住む農村は町の後背地にひろがっている。そこは交通の便が悪いこともあって、電気の普及もいまだ十分ではない。クエッァランのムニシピオにある三十九のポブラード（集落）のうち、電灯がついているところが十八、ついていないところは二十一もある。ついているポブラードでも、道路から少しはずれた場所では電灯がない。わたしがおとずれたシロショチコにあるベリサリオの家も、こういった部類の家に当たる。ここはヨワリチャン遺跡へ行く途中にある。ヨワリチャンのピラミッド型神殿や球戯場は、その地に層を成して存在するブロック大の自然の石をそのまま利用した、めずらしい古代建築である。いまも周辺の人びとはそのような石を自分たちの家の壁や道路に使っている。しかしこうした石のないところでは木造の家がおおい。

友人のパブロとわたしがベリサリオの家に行ったのは、かれの息子のはじめての誕生祝いによばれたからである。その子のパドリーノ（代父）がパブロなのだ。かれは一年以上前にクエッァランに派遣され、イネア（国立成人教育庁）の事務所を開設したが、そのころ知り合ったベリサリオから、生まれた子の洗礼のために必要なパドリーノ、つまり証人を頼まれたのだ。

プレゼントをもったパブロとともに、雨の降るがたがた道を車で進み、途中から樹木をかきわけながら小道を歩いてベリサリオの家へ行った。その家は自分たちでつくった木造の平屋で、土間にベッドを置いた寝室と、居間兼食堂、それに台所の三部屋から成っていた。居間にある木の机もベンチもすべて手製である。夜になると、七面鳥とブタもこの部屋で寝る。台所には、土間に石を並べただけの簡単な炉があり、そこにのっている壺は、サカポアストラでつくっているものだそうだ。もうひとつ、脚の付いた木の枠に土を盛った炉もあった。それにまきをくべて、コマル（土製の円盤）の上で、トルティーリャ（トウモロコシ製の主食）を焼く。メタテ（三脚付きの皿状の石臼）も木製の台の上にのせてある。土間の上に直接では腰が疲れるから高くしたのだという。なるほどなと思った。水は村に共同水道があるだけである。しかし雨期には雨水も使う。そういえば、家の入口の屋根の下に、いくつも壺が置いてあった。

わたしどもはパーティ用のご馳走であるモーレ（トウガラシ、チョコレートなどをすりつぶしてラードで炒めたたれに、七面鳥かニワトリの肉を入れて煮こんだもの）、それに分厚なトルティーリャを食べながら、ビールとサトウキビ製の酒（アグアルディエンテ）で乾杯を繰り返した。普通、パーティには音楽がつきものだ。しかし都合がつかなくて楽師たちが来られなくなったと、ベリサリオの父ペドロは申し訳なさそうにいった。この家には両親とベリサリオ夫妻と子どもの五人が住んでいる。

ベリサリオは町の若者とおなじような服装をしているが、両親と妻は伝統的な衣服を着ていた。父親は木綿の白シャツにカルソンとよぶ白ズボン。そのズボンの裾は足首に巻きつけてひもでしばってある。足にはワラチェをはいている。母親と妻も白いブラウスにエンレドとよぶ白いスカート。それに赤い刺繍のある帯をしめている。しかし足ははだしだ。男たちはかなりうまくスペイン語を話すが、女たちはほとんどナワ語しかしゃべらない。こうしたこともあってか、彼女たちは料理をだすだけで、わたしどもの話のなかにはいって来なかった。それは控え目なことが礼儀だからでもあろう。話はほとんど父親のペドロがしゃべり、ベリサリオがそれを補充する形であった。家父長的な家庭が、村での典型なのだ。

ここでは食事は、畑仕事があるときは日に三回とるが、それ以外の時期は二回だけだそうである。畑仕事のときは、畑が遠くにあるので、朝の四時か五時に起きる。作物はトウモロコシと現金収入になるコーヒーが主体だ。通常、食事はトルティーリャとフリホーレス（インゲンマメの煮もの）、それにコーヒーから成る。肉は祭りのときとか、日曜日などにしか食べない。ホウレンソウに似たケリテスなどの野菜、バナナなどの果物は豊富だ。食事にはナイフやフォークは使わず、手づかみか、あるいはトルティーリャをちぎって、スプーン代わりにして食べる。これが伝統的な食べ方なのである。飲みものではサトウキビ製の強烈な酒やビール、それにコーラ類をかなり飲む。

畑仕事には、コアというむかしながらの掘り棒、それにアサドン（くわ）を使う。またマチェテ（山刀）も必需品である。農作業は男が中心であるが、コーヒーやサトウキビの収穫の際は女も手伝う。いまはコーヒーが主であるが、むかしはサトウキビが重要で、コーヒーはほとんど栽培していなかった。また、こうした伝統農業では生産性が低く、生活もゆたかとはいえない。しかし生計をささえているのが男なので、家庭での主導権は男性が握っているのである。

ペドロは普段、家族とナワ語で話しているが、ナワ語でどんなものも表現できるという。車はテポス（元来は銅を意味する）、ヨーロッパから伝わったニワトリはピオ、ブタはピッコメである。人の名もスペイン語をナワ語化して、ペドロはペツィン、フランシスコはパラツィンといったりする。もちろんクアマイテ（枝）、クアフータ（山）など、ナワ語の名前もある。

村びとのほとんどがカトリック信者であるが、その信仰には土着宗教とのシンクレティズム（習合現象)もみられる。トウモロコシの種まきや収穫の際には、むかしながらに神への祈りを捧げるのである。

また最近は、エホバの証人、ペンテコスト派、スピリチュアリズムなどのあたらしい宗教に帰依する者も出てきている。五カ月前に村にやってきたペンテコスト派の米国人の若者は、スペイン語ばかりかナワ語までマスターして、積極的に布教しているという。しかしこうした現象は、村の伝統文化の維持という面では、脅威となるものにちがいない。なぜなら従来、カトリックの守護聖人の祭りや、コンパドラスゴ(洗礼の際、受洗者とその両親、および証人である代父母のあいだに結ばれる擬制的親族関係)といった制度によって、村の共同体としての営みが保たれてきたからである。それにラジオ(電気の通じていないところではトランジスタ・ラジオ)の普及もそうだ。先住民の若者も普段は、ラテン音楽やロック、そして国内外のニュースを耳にしているのである。

ベリサリオに、出稼ぎに行ったことがあるか尋ねたところ、農閑期にはベラクルス州へ出かけて、コーヒーの実の取り入れの仕事をして働くといっていた。メキシコ市へは一度だけ行き、建設現場で働いたことがあるそうだ。でもメキシコ市は自分には合わない場所だとかれは感じている。「ここでは腹がへれば、バナナでも取って食べれば、飢えることはない」。

確かに、貧しいながらも腹いっぱい食べられるクエツァランのナワ族は、先住民社会のなかではゆたかな部類にはいるといってよい。石油ランプの下で、酒を酌み交わしながら語り合う団欒の場は、夜おそくまでつづいた。

「ウイピルの女王」を選ぶ

十月四日は、クエツァランの守護聖人、聖フランシスコの祝日である。この日、クエツァランの町は普段の静かなたたずまいから、色とリズムの渦巻く絢爛たる祭りの場に一変する。朝早くから、教会の鐘や花火の音が聞こえ、近在の村むらから集まってきた民族衣装をまとった楽師たちの賑やかな音楽が鳴り響く。

特に先住民にとっては、日ごろのきびしくしかも単調な生活から解放されて、思いっきり、歌い、踊り、そして飲み食いできるひとときなのである。

聖フランシスコの祭りは、この聖人の祝日である十月四日を中心に、その前後八日間にわたってさまざまな宗教行事がおこなわれる。この期間中、「フェリア・デル・カフェ・イ・デル・ウイピル」(コーヒーとウイピルのフェア)も開催される。そのアトラクションは二人の女王の選出である。コーヒーの女王(その選出は以前、十月三日だったが、最近は九月末の日曜日にかわった)のほうは、候補者の女性たちの写真を売りだし、写真がいちばん売れた女性が女王となる。彼女らは町の娘なので、色白で着ている服も西洋風のドレスである。この女王のために、楽団をプエブラやメキシコ市からよんで、ダンスパーティを催す。

ただし、見物客の目当ては四日に選出されるウイピルの女王のほうである。こちらは民族衣装を着たナワ族の女性だ。まずムニシピオの議長(つまり町会長)が各村にその村を代表する女性を選ぶように命令する。村むらに諮問委員会が設けられて、代表者を決め、その娘の父親の承諾を得る。彼女らが「ウイピルの乙女たち」とよばれる女性である。当日、乙女たちはそれぞれことなった色のしるしをつける。町の有力者や村の長老から成る審査団が、番号の代りにその色によって選ぶのだ。色の数がいちばんおおい者が女王となる。第二十二回（一九八四年）の「ウイピルの女王」は薄緑色のしるしをもったマリア・フランシスカ・ロペス嬢であった。

女王は議長からタナワティ（権威の杖）と副賞を手渡される。このあと、女王は町役場で正装に着替えてから、さまざまな踊りの集団とともに、ヨワリチャンのピラミッド型神殿を模した台上に赴く。そこでプエブラ州の知事からケツァル鳥の刺繍のあるウイピルをマスタワルの上につけてもらう。この瞬間に教会の鐘の音が鳴りわたり、ナワ語のあいさつがはじまる。それから各種の踊りが披露され、ボラドールの踊りで終わる。

クエツァランでいうウイピルとは、他の場所でケチケミトルとよぶ三角形の肩かけのことである。これは白木綿の羅織りで、メキシコの伝統織物のなかでももっとも洗練されたもののひとつといわれている。

また、紫や緑の太い毛糸の束を髪の毛に巻きつけたマスタワルは、世界でも日本髪に匹敵するめずらしい髪型といえるだろう。

この日、町の広場ではつぎのような民族舞踊が踊られる。

ボラドールの踊り。これはケツァルの踊りとともに、現在もメキシコに残る数すくない先スペイン

古代から伝わるボラドール(空を飛ぶ者)の踊りでカピタン(隊長)と４人のボラドールが柱に登るところ。写真はアトリスコの民族舞踊大会もときのもの

〈上〉柱の上に立つカピタンの笛と太鼓のリズムに合わせて、柱の上の台とひもで結ばれた4人のボラドールが、空中に身を投じて、柱の周りを鳥のように、舞いながら降り立つ

〈下〉クエツァランの聖フランシスコ教会の前で、ケツァルの踊りを舞う子どもたち。周辺のナワ族の村では、こうした伝統的な踊りを保存するために、子どものときから仕こむのである

期からの芸能として有名である。ただしその衣装などは、ヨーロッパ起源のものに代えられている。むかしのボラドール（空を飛ぶ者）の衣装は、ワシなど太陽に関係のある鳥をあらわしたものであった。まず五人が、天上界と地上界を結ぶ世界の中央を象徴する、高さ三十メートルはあろうかと思われる柱の上に登る。その危険きわまりない柱のてっぺんで葦笛と小太鼓をもつカピタン（隊長）が、四方におじぎをしてから、むかしながらのリズムを奏でる。柱の上に置かれた四角な木の枠から、ひもで体を結んだ四人のボラドールが、鳥のように舞いながら、柱のまわりを十三回まわって、地上に戻る。そして、四人が地上に着く直前、カピタンが、ピンと張った綱のひとつを軽業師のように伝って降りる。

四人のボラドールは世界の四方を意味し、十三という回転数は十三層から成る天上界をあらわしている。それらはまた、古代暦の一世紀である五二年（四×一三＝五二）をも示唆するものであろう。現在ではこうした象徴的な意味は失われているが、以前は太陽崇拝や宇宙観と関連のあるきわめて厳粛な儀式であったはずである。とはいえそのスリルに満ちた踊りは、いまもメキシコ民族舞踊中の白眉《はくび》といってよい。

ケツァルの踊り。おなじく太陽や宇宙観と結びついた古代の儀式が変化したものといえる。踊り手のうち四人が乗って回転させるX字形の木の枠は、宇宙のエネルギーのもととなる「動き」（オリン）を象徴するものと考えられている。踊り手の頭上につけた巨大な円形の羽根飾りは、かつては緑色の霊鳥ケツァルの羽根でつくられていたものであろう。この鳥はいまではまったくこの地方から姿を消し、クエツァランという地名と、この踊りの名称にだけ残っているにすぎない。いまの円形の飾りはさまざまな色の紙をはり、まわりを白い羽根で飾ったもので、七色の虹のように美しい。七人の踊り手がみせるその熟練された舞いはみる者を圧倒する。

このほかの踊りは、スペイン植民地時代になってからのものばかりである。

そのひとつ、サンティアゴの踊り。これはキリスト教徒とイスラム教徒の戦いを、メキシコ風にアレンジしたものといえよう。サンティアゴとはスペイン征服者たちの守護聖人のことであり、かれは木馬にまたがった姿で登場する。先住民にとって、ウマは権力と権威の象徴なのだ。先住民がはじめてウマにまたがったスペイン人をみたとき、かれらを人馬一体となった神のような存在と思ったほどだといわれている。サンティアゴと戦う者たちをピラトスとよぶが、かれらは仮面をかぶっている。その鼻が異様に高いのは、先住民が異邦人を揶揄《やゆ》した表現だからである。

ネグリートの踊り。植民地時代にアフリカから奴隷として連れて来られた黒人の踊りがもとになっている。黒人はキューバから、メキシコ湾岸のベラクルス州にもかなりはいってきた。これはギターやバイオリンの演奏に合わせて、カスタネットとタップで軽快に踊るものだが、各人が色のことなるひもをもって、柱のまわりにきれいな色模様をつくる。

また、この踊りには「マリンギーリャ」が加わることもある。少年が女装して演ずるマリンギーリャとは、スペインの征服者、エルナン・コルテスの愛人となって、民族を裏切ったとされる先住民の娘マリンチェのことで、彼女が手にする木製のヘビは悪を象徴する。マリンチェの邪悪な本能を打ち負かすことが踊りのテーマだと解釈されている。

伝統を守るための方法

クエツァランの町には、ナワ族の伝統文化を積極的に擁護していこうと活動するメスティソが何人かいる。エマ・フローレスさんもその一人だ。特に彼女の亡夫、医師のイスマエル・モランテ氏は、クエツァランに民俗資料館を設立しようという話が一九六三年にもちあがった際、率先して賛同し、その場所を提供した人物である。資料館はその後、町役場内に設けられたことも一時あったが、それは役人の無関心のため閉鎖された。

そして一九八二年以降、町役場脇で薬局を開業するモランテ家の一部がふたたび使用されている。メスティソのあいだに先住民文化の資料館をつくろうという気運が起こったのは、一九六〇年にサカポアストラとクエツァランを結ぶ舗装道路が実質的に完成してから、町の市《いち》に都市の工場製品が大量にはいりこみ、民芸品などが失われるのではないかと危惧《きぐ》されたからだという。

二度も日本へ行ったことがあるという教養人のエマさんに、十月四日の祭りについて尋ねてみた。一九五〇年に、フェリア・デル・カフェが組織されたが、それを聖フランシスコの祭りにおこなうことにしたのは、当時は、この祭りが衰退していたからだった。しかし、そのころはコーヒー産業育成のための見本市がおもな目的で、そのよびものとして、コーヒーの女王を選んだのである。だがナワ族はそのフェリアに関心をもたず、ただ守護聖人の祝日なので、教会に奉納踊りをしにやってきただけだった。けれども、この日に外部から集まった人びとにとっては、メスティソの女王よりも先住民の踊りのほうがめずらしかった。そこで、町の人びとはかれらにもフェリアに参加してもらうことを思いつき、一九六五年からフェリア・デル・ウイピルもおこなわれるようになったのだ。それが町の発展と観光の面で大成功したというわけである。

エマさんによると、ウイピルの女王の選出の仕方は、初期のころのほうがよかったという。なぜならば、いまは先住民の娘の顔がきれいかどうかだけで選ぶからだ。審査員も以前はナワ族がほとんどだったが、いまは民族衣装について知識のうすいメスティソもおおいため、そうなったという。そのうえ、ウイピルの乙女たちのなかには、各村の正式の民族衣装ではない、ごっちゃな民族衣装をつけて出る者もいるらしい。これは一度だけだったが、織物のいちばん上手な娘が女王に選ばれたこともあった。

ともかく、このフェリアの成功によって、ナワ族みずからが伝統に誇りをもつようになり、その民族的アイデンティティに目覚めたことも確かだ。しかし他方では、商業化が進んだことによる弊害も出ている。たとえば、民族舞踊は、村の若者たちが祭りの前に猛練習をして準備し、守護聖人の祝日のために踊るだけだったが、ボラドールの踊りなどは観光用の見世物になるので、なかにはそのまま職業化したグループもあらわれ、そして稼いだお金で酒を飲んで、アルコール中毒になってしまった者もいるという。

またエマさんの話では、自分の若いころには、クエツァランで一度もボラドールの踊りをみたことがなかったそうだ。

このことに関して、フェルナンド・フェルナンデス氏は、「だからといって、クエツァランにボラドールの踊りがなかったわけではない」という。一時的にこの踊りをおこなわなかった時期があったかもしれないが、踊りそのものは、先スペイン期からこの地方一帯のものなのである。ボラドールの踊りというと、パパントラのトトナカ族のが有名だが、パパントラだけのものでは絶対にない。「このことをパパントラ出身者のわたしがいうのですよ」と、プエブラ州北部山地歴史研究センターの会長である同氏が念を押した。かれはクエツァランの民芸品や自分が改良してつくらせた民芸調の家具を売る店をもち、またその店の一部には、町に一台しかない交換手つきの長距離用の公衆電話が置いてある。同氏はまた、クエツァランではメスティソと先住民の関係はきわめて良好で、互いに理解しあっている、と力説していた。しかし、それは両者がそれぞれの身分を守っているからでもあろう。

伝統的な祭りについて、ナワ族の若者にも意見を聞いてみた。その若者はホセといって、クエツァランのムニシピオのひとつの村、サン・ミゲル・ツィナカパンに住んでいる。農業を生業とするが、村の外に出ることが好きなので、町にあるイネアの仕事を手伝っている。かれがやっているのは、各村に行って、成人教育のためのグループを組織することである。だが、メキシコ市へはまだ一度も行ったことがない。父親が行かせてくれないのだ。それはメキシコ市に出た兄が戻って来ようとしないからでもある。父親は年をとっているので、かれに畑仕事をやってもらわねばならない。もう一人の兄がいるが、かれは村でかごや袋などの民芸品づくりをしている。

ホセ君はわたしに、かれの村で九月二十九日におこなわれる「民芸の女王」の候補者の写真を買ってくれ、といった。各候補を支援するグループが、それぞれの候補の写真を売っているのだ。もっともおおく売れた候補が女王に選ばれるのである。写真は一枚五百ペソ(約三百五十円)だった。そして、集まった金は村の教会の改築工事のために寄付するのだという。こうした習慣は元来、都市のものだが、村の守護聖人の祭りを盛り立てるために、先住民によって導入されたというわけである。

サン・ミゲル村には、サンティアゴ、ネグリート、ケツァル、トコティネスなど七種の踊りのグループがある。そのほかにも他の村からやって来るので、その日には二十二のグループが踊ると自慢していた。

村の祭りはその祭りの係りであるマヨルドーモの責任でおこなう(最近、クエツァランの町のフェリアは、ムニシピオの町役場と、一部は州政府の観光局の資金でおこなわれている)。その者は踊り手などすべての者に、ご馳走の用意もしなければならない。したがってマヨルドーモになることはたいへんな経済的負担だが、その散財のおかげで、かれは村での名声を得る。マヨルドーモの制度が伝統を守るための方法なのだし、自分たち若者も、先祖からの伝統を守りたいと望んでいるという。また、祭りはみなとの連帯感を強めるだけではなく、大きな楽しみでもあるのだ。

ホセ君がイネアで成人教育の手伝いをしているのも、村びとがただ閉鎖的でありさえすれば伝統を守れるというものではなく、むしろ積極的にスペイン語も覚え、伝統文化の価値を認識してこそ守れるのだ、と信じているからであろう。

農村が都会人を変える

わたしが一九八〇年にクエツァランへ行ったときのことである。そこのホテルの食堂で、女主人と話していたら、ナワ族の年配の女性が織物を売りにきた。彼女は女主人にひどく値切られたため、売らずに外へ出ていってしまった。そのあと、わたしが外へ出ると、買わないかといって、近づいてきた。ホテルで売ると女主人がいやがるので、という。自分が織った他の品物もみたければ、家に来ないかと誘った。そこで、でこぼこ道をサン・アンドレス・ツィクイランまでついて行く。途中で、靴をはいているわたしでさえ足が痛くなったので、はだしで歩いていて痛くないのかと聞いたら、おかしなことを聞くな、といった顔をして笑った。

彼女の家は小さな木造の平屋だが、入口脇の壁にはってあったメキシコ大統領といっしょの写真が印象に残った。伝統技術の保持者として、メキシコ市によばれた際に撮ったものなのだろう。家では娘と二人で、土間に置かれた先スペイン期起源の後帯機《こうたいばた》(背中にまわした帯で経糸《たて》を引っ張る織機《しょっき》)で、ウイピルやコトン(女性用ブラウス)を織っている。そこへ小柄な夫がはいってきた。家族はナワ語で話しだした。わたしもナワ語がすこしはわかるというと、ナワ語で書かれた祈祷書を取りだしてきた。わたしがナワ語のアベ・マリアを朗読したところ、狂喜し、そのことですっかり意気投合してしまった。貧しいが、いかにも人のよい一家という感じがした。そのうえ、この家庭では、農耕に従事する夫以外に、女たちも仕事をもっているので、みなが対等の立場にあるようにみえた。しかし彼女は、

伝統織物を織るマリアさんと、農業に従事する彼女の夫。マリアさんは白いブラウスにエンレドとよぶ白いスカート、それに白いウイピル(肩かけ)を羽織っている。夫の服装も典型的なナワ族のものである

工場製の織物に押されて、手間のかかる伝統織物はなくなってしまうのではないか、と顔を曇らせた。

この言葉を覚えていたわたしは、もう一度この彼女(マリアさん)に会ってみたいと思った。そこでカベセラの教会脇に止まっているタクシー(五年前にはなかった)に乗って、サン・アンドレスに向かった。道中、見覚えのある老人とすれちがったが、すぐにはだれだか思いだせなかったので、とおりすぎて、マリアさんの家に行った。彼女も娘さんも、わたしのことをよく覚えていて、この突然の訪問を歓迎してくれた。そこへ夫が姿をあらわした。車に乗っているのがわたしだと気づいて、あわてて戻ってきたのだという。彼女たちは五年前とおなじ後帯機を使っていた。ただ年をとり、仕事で疲れたせいか、マリアさんの顔色は悪かった。しかし織物

でどうやら生活できるし、なによりも彼女にとって織物は生きがいなのである。サン・アンドレスには、いまも二十人ほどの織り手がいる。それに、近く、政府の機関が製品をよく売れるように、あらたな方法を考えてくれるはずになっているという。

サン・アンドレスからタクシーで、クエツァランの町へ戻る途中、酔っぱらいとその夫人らしい女性とすれちがった。わたしが運転手に酔っぱらいだね、といったら、そうではない、マリファナ（大麻）を吸ってあのようになってしまったのさ、といった。よろよろ歩いていたその男は、メキシコ市のある大学の先生で、振付師なのだそうだ。いっしょの女性は奥さんではない、自分は奥さんを知っているが、立派な人でメキシコ市に住んでいる、と運転手はいった。連れの女性も都会の人間で、その愛人ででもあるのだろう。

おそらくかれらは桃源郷のようなクエツァランに魅せられてやってはきたものの、そのあまりに静寂な自然と異質な文化に堪えられなくなってしまったのだろうか。都会が農民を変え、そして農村が都会人をこのような形に変えてしまうとは、なんとも皮肉に思えてならなかった。

メキシコの民話と祭り

メキシコの素晴らしさのひとつに、その多彩な「祭り」がある。それはこの国に、ナワ族、マヤ族といった五十四もの、それぞれが固有の文化をもつ先住民族集団が存在することにも起因する。たとえばオアハカ州には、サポテコ族、ミステコ族、マサテコ族、ミヘ族、チョンタル族など十五もの民族集団が存在する。また、カトリック教会や国家が定めるさまざまな祭りのほかに、どの町や村もみずからの守護聖人を祝う。メキシコではいつもどこかで、あの色彩ゆたかな祭りが賑やかにおこなわれているのだ。祭りには伝統的な踊りと音楽、それに民族衣装など、素晴らしさのすべてが凝縮されており、その祭りのあいだ、独特の美とリズムと陶酔の一瞬がつくりだされる。

しかしそれだけではなく、メキシコの祭りには、先住民文化の伝統にスペイン的伝統が加わった、独特の形態がみられる。そのような現象の変わった例として、メキシコ人の死に対する概念がある。死はかれらの基本的関心事であり、したがって「死者の日」の祭りが、民間のものとしては守護聖人の祭りとともに、もっとも重要な祭りのひとつとされるのである。この国の文化には、かつて新大陸という孤絶した世界に形成された土着文明と、十六世紀にスペイン人による征服で移植された文明との融合があらゆる面でみられる。

キリスト教が土着宗教と接触したときに、双方の宗教の特定部分が取捨選択されて、折衷的なものが形成される。

このような現象をシンクレティズムというが、その例を古代アステカ神話と現代の民話や祭りにみることにしよう。

太陽になった神

一五一九年にスペイン人が到着した当時、メキシコの大半の地域を支配していたのがアステカ帝国であり、そこでは「太陽」がアステカの宗教の中心的役割りを果たしていた。つまりかれらによれば、人類の存続は神がみの犠牲によって創造された太陽のおかげによるものだという。それゆえその太陽に、人間もおなじくみずからの血を捧げ、太陽の運行を維持しなければならない。これが、アステカの世界観の基本であった。ここでその太陽神話について、サアグンの『ヌエバ・エスパーニャ全史』から紹介してみることにする。

「神がみは暗闇のなかをテオティワカンに集まり、たがいに『だれが太陽になるだろうか』といった。この言葉に対してすぐ、テクシステカトルという神が、『わたしが世界を照らす役を引き受けよう』と答えた。それからもう一度、神がみが話し、『もう一人はだれだろうか』といった。たがいに見合いながら、もう一人だれにするかについて協議した。しかしだれ一人としてあえてその役目を引き受けようとするものはいなかった。みながそれをこわがり、いいわけをいったのである。

神がみは、それまで気にとめていなかった腫物だらけのナナワツィンという神に、『お前が照らす者となれ』というと、かれは喜んでその命にしたがった。二人は四日間の苦行のあとで、岩につくられたかまどに火をもやした。これが終わると、二人は供物を捧げた。テクシステカトルのものは豪華で、花束の代わりに立派な羽毛、干し草の玉の代わりに黄金の玉、竜舌蘭のトゲの代わりに宝石でつくったトゲ、また、血がついたトゲの代わりに赤いサンゴでつくったトゲを捧げた。いっぽう、ナナワツィンは、九本の葦、干し草の玉、自分の血を塗りつけた竜舌蘭のトゲ、それに、香の代わりに腫物のかさぶたを捧げた。神がみはかれら一人ひとりのために、山のような塔（ピラミッド）を建てた。その上で二人は、四日間苦行をした。

この期間が終わると、テクシステカトルには羽毛でできた装身具、ナナワツィンには紙でつくった飾りが与えられ、それからすべての神がみが火のまわりを囲んだ。火は四日間もえつづけた。神がみは、テクシステカトルに火のなかへ飛びこむようにいう。かれはそうしようとするが、炎が強いためこわくなり、あとずさりした。こうして四回も試みたが、どうしても飛びこめなかった。そこで神がみはナナワツィンに試みるようにいうと、かれはためらわずに火のなかへ飛びこんだ。それをみてテクシステカトルも、やっと火のなかに身を投じた。

それから一羽のワシが、火に飛びこんで焼けた。このためワシは、黒ずんだ羽根をしているのだ。最後に一匹のトラ（つまりジャガー）が飛びこんだが焼けずに焦げた。それで黒と白の斑点ができたのである。

神がみは、どの方向からナナワツィンがあらわれるかと見守った。長いあいだ待っているうちに空が赤くなりはじめ、四方が暁の光で輝きだした。ある神がみは北を向き、他の神がみは南を向いた。別の神がみは東へ目を向けた。太陽は東からあらわれた。東を向いていた者はケツァルコアトルとテスカトリポカだった（アステカ族は宇宙をこの二神が張り合う場と考えた。前者は昼、後者は夜を象徴する）。

太陽は出たが、まぶしくて目をあけていられない。

月も東からあらわれた。両方ともおなじように照り輝いていたので、『これはどうしたものか』と神がみが話し合った。ある神が、テクシステカトルのためらいを罰するため、その顔にウサギをぶつけた。そのときから月の光はうすれ、表面にウサギの形のあざがついたのである。

だが太陽も月もすこしも動こうとはしない。神がみは、『わしらはどうしたら生きられるだろうか』、『わしらがみな死のう。そしてわしらの死によって太陽を生き返らせよう』、といった。風神（エエカトル）がみなを殺す役を引き受けた。しかしある神が、死をのがれようとしてかくれた。この神がショロトルである。かれはトウモロコシ畑にはいりこみ、二股の穂（ショロトル）になるが、みつけられたので、こんどは竜舌蘭畑に逃げこんだ。そこでメショロトル（二股の竜舌蘭）になるが、またもみつかってこんどは水のなかへかくれた。そこでアショロトル（山椒魚の一種、アホロトル）に変身したが、結局捕らえられて殺された。しかし、神がみが死んでも太陽は動かなかった。そこで風が辛抱強く吹きだすと、やっと動きはじめた。その後、月も動きだしたが、たがいにちがった道をたどったため、ことなった時間にあらわれるようになったのである」。

現在、プエブラ州に住むポポロカ族のあいだには、つぎのような民話が残っている。

「月と太陽は姉弟だった。月が姉で太陽は弟である。かれらが成長している期間、世界は暗闇だった。明けの明星だけがよわい光をだしていた。人びとはもっとおおくの光を望んだ。月と太陽が火のなかに飛びこまなければならない、と人びとは決めた。月はこわがって火のなかに落ち、火の一部を消した。それでいま、彼女はわずかしか光らないのだ。太陽はもっと大きなはずみをもって火のなかへ飛びこんだ。そしてすべてが輝いた。それで太陽はいまもあんなにあかるく照っているのだ。太陽は人間を救った。あのときからトウモロコシが育ちはじめた。以前、人間は砂と石を食べていたのである。星は動物の姿をしている。ホセ（ヨゼフ）が太陽で、マリアが月である。両者は人間を代表している。太陽は月よりもすぐれている。夜間は危険がおおいからだ。太陽は最初、『ユダヤ人の十字星』をとおって、ついで『イエスの十字星』をとおる……」。

人間の起源に関する民話では、つぎのようなものがある。

「人間は土でつくられていた。ヘスス（イエス）が人間に息をすることを教え、動かし、言葉を与えた。以前、かれらはなにも知らなかった。そこらへんにつっ立って、砂や石や骨を食べていたのだ。大地はトウモロコシが育つよう（栄養をとるため）にと人間の体をむさぼる。太陽は照り輝くために人間の心臓をむさぼる。大地の心臓は生きた人間だ。太陽の心臓は人間の心臓だ。

はじめに、一羽の鳥がいた。まだ人間はいなかった。鳥は川のほとりで休んでいた。水に自分の影をみた。そしてよりおおくの鳥がいたらなあ、と望む。そのあとで、大、小、それに赤や黒やあらゆる色のたくさんの鳥がみられるようになった。のちに一人の男があらわれた。かれは空中をいっしょに飛んでいる鳥をみて、一人でいるのがいやになった。ほかにも人間がいたらなあ、と望む。それでたくさんの人類がいることになった」。

空想力の普遍性

これらの民話には、火のなかに飛びこむことで太陽と月が創造されたという話の型と、太陽に人間の心臓を捧げるという型のふたつがみられる。それらはアステカ起源のものだろう。

もちろん、人身供犠は古代の風習であり、現在は民話のなかにのみ残っている。また、神がみの名がスペイン語の名前になっているところにキリスト教との習合がみられる。オアハカ州のチョンタル族のあいだでも、かれらの祖先のもっとも重要な神であった太陽をヘスクリスト（イエス・キリスト）、そして月をビルヘン・マリア（聖処女マリア）とスペイン語でよんでいる。

太陽に関するメキシコ民話でおもしろいのは、日本の天《あま》の岩屋戸《いわやと》神話に似たものがある点だろう。ついでにこの種の民話として、ベラクルス州に住むテペワ族の伝承を、つぎに紹介しておこう。

「人びとは太陽を求めつづけていた。トピル（下級の役職）の小トカゲが、動かせないほど大きな石の裏側に光り輝くものがある、と当局に知らせてきた。人びとはキツツキを連れてゆき、ひとつきでその石に穴をあけさせた。そこに太陽がうずくまっていた。そこで踊り子たちがみな、太陽のために、舞いにいった。このような踊りをいつもやってくれれば、という条件で、太陽は出てきた。だがあまり焼きつけないようにと、太陽の心臓にガラスのようなものをつけたらしい。それがいまの太陽だ」。

「われらの主へスクリストがあらわれたとき、あごを胸にくっつけていた。人びとはそのような格好を納得しなかった。なぜなら、かれがそうなら自分たちもそのようにして歩かなければならないからだ。かれが笑い、顔をあげるようにと考えて、仮装舞踏会をおこなった。しかしわれらの主へスクリストはどうしても顔をあげず、笑いもしなかった。それならばと、人びとは、パストール、タンブラン、ワパンゴといった別の踊りをすることを考えた。ひとつひとつの踊りが終わっても、かれは顔をあげなかった。人びとはみな、踊り疲れ、翌日までそのままにしておいた。

人びとはふたたび、別の形の踊りをすることを考えた。かれらの一人がいった。『わしらの一人が杖にするため曲がった木の枝を二本もってこよう。もう一人がヒカラ（ヒョウタンの一種）の椀をふたつさがしてこよう。そしてそのヒカラを石灰で塗ろう』と。そうしてから、二人の男が変装した。一人は女、もう一人は老人の格好をした。両人は杖をもち、枝の先端には七面鳥の羽根飾りがついていた。人びとはトトナカ語（ベラクルス州に住むトトナカ族の言語）やテペワ語で歌いはじめ、それから老人が老婆の腰をつかんで彼女をさかさまにし（エロチックな行為をして）、からかった。人びとはざわつきだし、笑い、そして叫んだ。この瞬間、われらの主へスクリストは顔をあげて、笑いころげた。すべての舞踊はそのとき生まれたのだ」。

これと同様の、有名な天の岩屋戸神話のあらすじはつぎのようなものである。スサノヲの乱暴をみて、アマテラスは天の岩屋に身をかくした。それで高天原も地上もまっくらになり、いろいろな災いが起こった。そこで八百万《やおよろず》の神がみが天《あめ》の安《やす》の河原《かわら》に集まり、相談した。アメノウズメが天の岩屋の前で、からの桶を伏せた上にあがり、狂ったように乳房をだし、着物のひもを陰部の下におしさげて踊ったので、八百万の神がみは高天原が震《ゆ》り動くほど大笑いした。それでアマテラスは怪しいと思い、岩戸を細めにあけて外をのぞいた。そこをすかさず戸をおしあけ、アマテラスの手をとって外にひきだした。そこで高天原も、地上も、ふたたびあかるくなったのである。

　このように太平洋をへだてた両国にみられる民話の類似をどのように解釈すべきであろうか。ともかくそこに、人間としての空想力の普遍性を知ることができるのである。また、こうしたものに共感しうる精神をとり戻すことが、現代人にとって、必要ではないだろうか。

死者を思いだす者

　十一月の一日と二日、首都メキシコ市の街中に、おどけたしゃれこうべとか、色彩ゆたかな骸骨の飾りが氾濫《はんらん》する。自分の愛する者の名前をつけた砂糖菓子のしゃれこうべや、「死者のパン」を食べたりするのもこのころだ。また、政治家や有名人を骸骨として描き、それに小話をつけた新聞が売りだされたりする。外国人にとってはなんとも異様な光景だが、これがメキシコ的なものの特徴でもある。この諸聖人の祝日と死者の日の風習にも、民話と同様、先スペイン期のものとスペイン植民地時代のものが融合している。

　メキシコ市郊外にあるミスキックという村では、この両日、各家の祭壇や墓地に花やロウソクが捧げられ、むかしながらの方法で死者の霊を祀る。いまではここが観光地化し、大勢の市民や他国の人が見物に出かける。

　ここの住民のあの世についての話を紹介しよう。ここにもアステカの影響が残っている。

メキシコ市郊外にあるミスキックの墓地は、11月2日の「死者の日」になると、花やロウソクであふれる。家族はその日あの世から戻ってくるという祖先の霊とひと時を過ごすのである

「母はもう年をとっていました。死んだとき七十歳ぐらいでした。わたしどもはあらゆる加持祈祷をおこないました。そして、母が息をふきかえし、鼻と口からあわをふいて目をさましたとき、母は棺箱にはいっていました。コーヒーとタバコがほしいというのであげました。それから感じたことを話してくれました。どんなふうに肉体を離れたとか、おなじ姿をして波立つ泥まじりの大きな川のほうへ行ったとか。そこには腹をすかしたやせイヌがいましたが、それは母が家から何回も追っぱらっていたイヌでした。イヌは軽蔑したように母をながめ、動きませんでした。『ねえ、死んだのだから、わたしをあの世に連れて行っておくれ』、と母がイヌにいうと、イヌはばかにしたようにながめていいました。『あんたはわしに食物や水や菓子をくれたとでもいうのかね。わしをけとばさなかったかね。あんたはわしによごれた湯をぶっかけたね。生きているとき、わしを虐待したから、どうしようかね。連れて行くことはできないよ。あんたがわしに冷たかったからさ。このあたりをさまよったり、チナンパ（菜園用の人工浮島）をほっつき歩いていな。あんたは幽霊になるだろうよ』。

母は深く息をして、うしろをふりむきました。そのとき、母の肉体は冷たかったが、まだコーヒーやタマル（トウモロコシ製の蒸し餅）のにおいが漂っていました。『もしわたしがコーヒーとタマルのにおいをかげば、わたしが霊だからよ。しかし、もしイヌがあの世に連れて行ってくれず、わたしの肉体が冷えきれば幽霊となってしまい、わたしの縁者はいやがるだろうよ』、と母は考えました。そこで母は地面に倒れ、ヘスクリストと聖アンドレシートをみたのです。あわだらけになって目をさましたのはそのときでした。それからわたしどもにいいました。『イヌを虐待しちゃいけないよ。なぜならイヌは必要なのだから』。それでミスキックにはたくさんイヌがいるのです」。

古代アステカ族は、ミクトランという地下の暗黒の世界へ行くために、いろいろな場所で試練をうけなければならないと考えていた。川はその障害のひとつであり、それを渡るのに、朱色のイヌの助力が必要だったという。それで埋葬のとき、イヌを殺したのである。

ここで、モレロス州のイグアラ地方の農村に伝わる、死者に関する風習を述べておこう。そこでは子どもが死んだとき、ギターやバイオリンで音楽を奏でながら埋葬する。むかしは通夜に、「小天使」（アンヘリート）の霊が喜ぶようにと、音楽、歌、子どもの遊びがおこなわれた。

参列者にはコメでつくったアトレ（おかゆ）やココア、パン、菓子がくばられる。おとなが死んだ場合は、音楽をともなわずに埋葬される。

埋葬後九日間、女性にたのんで、ロザリオの祈りをとなえてもらい、それから、十字架を死者が通夜を過ごした場所に立てる。遺族の近親者のうちから二組の代父母（パドリーノス）を選ぶ。かれらが九日間、花やロウソクを捧げる。その最後の晩、十字架がどかされ、翌朝、代父母がそれを花とロウソクといっしょに墓までもって行く。戻ってきてから、遺族が参列者に感謝のあいさつをする。経済的なゆとりがあれば、食事や飲みもの、それに贈りものをだす。あるいはパンとあまいブドウ酒をわける。

死んで一年たつと、一周忌の儀式をおこなう。諸聖人と死者の日の夜、人びとは死者を思いだし、かれらのためにご馳走をつくる。霊は年に一度、家族をたずねにあの世からやってくる、と信じられているからだ。子どもの霊は十月三十一日から十二月一日の夜にかけて、また、おとなの霊は十一月一日から二日にかけて到着するという。子どもとおとなの霊がこの世に戻ってくる日がちがうといった概念は、古代アステカからのものであろう。

一カ月が二十日からなる十八カ月の暦をもちいていたアステカ族は、その九番目のミクカイルウイトントリ（死者の小祭）とよぶ月に、子どもの霊を祀った。人びとは死んだ子どものために、できるだけ賑やかに祭りをおこなったという。十番目のウエイ・ミクカイルウイトル（死者の大祭）とよぶ月は、おとなの死者に向けられていた。この日の祭りには食事やプルケ（竜舌蘭酒）が供えられ、人びとは盛大に飲み会をもよおした。ただ、現在の土着的な伝統をもつ村の死者の祭りには、メキシコ市などのメスティソ（スペイン人と先住民の混血）的社会にみられる、死を茶化す、あるいは愚弄するといった風習がみられないのが、その特徴だといわれている。メスティソには、生も死も所詮たいした意味がないと思われているのだろうか。メスティソはいうなれば、その起源において、征服者つまりスペイン人男性と、被征服民つまり先住民女性という、まったく異質の文化をもつ両者のあいだに生まれた存在である。したがってその思考には、物事を厳粛に考えるよりも、笑い飛ばすほうを好むのかもしれない。

アステカにはカルプリとよばれた村があり、スペイン人はこれを「地区」と訳した。各カルプリで氏神ともいうべき固有の神を祀っていたが、それは現在のメキシコの伝統的な村にそれぞれの守護聖人の信仰がみられることと関連していよう。また、村祭りをとりおこなうために、現在のマヨルドミ

死者の日のための祭壇。砂糖菓子のしゃれこうべには愛する者の名前などがつけられる。そのほか、町のパン屋では、足の骨などをかたどった「死者のパン」が売られたりする

ーア（一年交代で世話役マヨルドーモを決めて、守護聖人などの祭りをおこなうシステム）に似たものも、存在したはずである。

カトリックの影響

以前、日本のスター三船敏郎氏が主演したメキシコ映画「価値ある男」（原題「アニマス・トゥルハーノ」）というのがあった。一九六一年の作品なので、記憶にない人やぜんぜん知らない人もおおいだろうが、これはメキシコのオアハカ州を舞台に先住民の生きざまを描いた秀作であった。三船が扮するアニマス・トゥルハーノとは、酒と喧嘩に明け暮れる、村じゅうの鼻つまみ者である。そのアニマス・トゥルハーノにも夢があった。それは年一回の村の守護聖人の祭りで、祭主たるマヨルドーモになり、村びとの尊敬をかち得ることだった。子どもの葬式の夜、酔って喧嘩をしかけたのも、街の女カタリーナがかれに対して冷たいのも、みな去年、タデオがマヨルドーモになったからだ。やさしい妻ファナの勧めでトゥルハーノは家族たちと酒造工場で働くことになるが、盗み酒をみつかってクビになり、しかも、長女ドロテアと逢いびきしていた工場主の息子を傷つけ、投獄されてしまう。妻と子どもたちは懸命に働き、安い土地を買うことに決めた。

やがて、ドロテアが工場主の息子の子を産む。彼女の恋人カルリンは怒り悲しむが、ドロテアの身を案じ、彼女だけを連れて村を去った。帰宅したトゥルハーノは、家族の金を巻きあげてカタリーナのもとへ走り、酒とバクチの生活に逆戻りする。そして金も闘鶏でタデオにとられてしまう。そこへ工場主がきて、息子とドロテアのあいだにできた子を引き取りたいと頼む。その金で念願のマヨルドーモになる。しかし、そのトゥルハーノにだれ一人、尊敬のまなざしを送る人はいない……といった話がつづく。映画はこの筋とは別に、オアハカの美しい風物をうつしだし、観客をして一瞬、幻想的ともいえる世界にひきこんだものだ。

プエブラ州のチョルラは、先スペイン期から栄えた宗教的な町であったが、スペイン植民地時代にカトリック教会が数おおく建てられ、いまも三百六十五の教会がある町として知られている。無論、その数は誇張されているが、十地区にわかれたこの町では、年に合計二百五十回以上の祭りが催れると報告されている。その頻繁さは、祭り好きなメキシコのなかでも例外であり、まさにチョルラでは生活が祭りを軸に動いているといえる。ほとんど一年じゅう、ここでは、祭りの飾りがみられ、教会の鐘の音や爆竹や行列の音楽が聞こえるのである。

町や村の祭りのうちで重要なのが、先ほどの守護聖人の祭りである。聖人の祭りの日付けは教会暦にしたがっている。しかしその祭りのおもな祝い日を、聖人に向けられている日のつぎの日曜にしていることが、一般的な規則である。祭礼は地区の教会でおこなわれる。その教会がその守護聖人を祀る教会である。教会内部には花やロウソクが捧げられ、外部は色とりどりの紙飾りで飾られる。

守護聖人の祭りをチョルラに例をとって述べてみよう。祭りはふつう、ノベナとよばれる九日間の勤行からはじまる。そして土曜の晩、地区の人びとは教会へ集まる。教会の外ではオコテ（メキシコ産のマツ）のかがり火がたかれ、ウエウエトル（太鼓）とテポナストレ（笛）からなる単調な響きの伝統的な音楽と、賑やかな楽隊の西洋的な音楽が聞かれる。参列者はタマルとアトレ(トウモロコシ粉の飲みもの)の食事にあずかる。日曜日の夜明けには、「マニャニータス」(誕生日を祝う歌)が守護聖人のために唱われる。地区の少女たちの合唱団による「マニャニータスのミサ」が終わると、マヨルドーモの家で、長老や歌い手たちに朝食が供される。午前中、複数のミサがたてられ、そのうちのひとつが荘厳ミサである。教会の庭では楽隊の音楽や爆竹が聞こえる。他の九地区のアルンブラドールとよばれる者たちが、このミサに出席する。

マヨルドーモが杖と儀礼用の皿をもって教会の前にあらわれ、アルンブラドールの一人ひとりにあいさつする。教会の司祭が、その日任務につくあたらしいマヨルドーモにシンボルの皿を手渡す。この者が役をすませたマヨルドーモと長老たちを家に招待する。新マヨルドーモは招待客に特製のパンとプルケ、ビール、清涼飲料水などの「贈りもの」をだす。このあと、役を終えたマヨルドーモが自分の家に招待する。そして家の祭壇の前で、新マヨルドーモが長老たちから皿を受け取る。それから、スープ、ライス、モーレ、煮マメなどのご馳走が出る。日曜の午後、役を終えたマヨルドーモが自分の家から聖像を教会に持参し、ロザリオの祈りのあとで、その聖像を新マヨルドーモの家までもって行く。夜は教会の前で花火があげられる。

つぎの月曜と火曜にも祭礼がおこなわれる。これらの祭りは別のマヨルドーモかエルマンダーという祭祀をおこなう信者の集団によってなされる。ある場所では、オクタバ(八日目の勤行)が習慣となっており、守護聖人の祭りのつぎの日曜日に催す。マヨルドーモが交代した数日後、長老たちが役を終えたマヨルドーモから教会関係のあずかりものを新マヨルドーモに手渡す。このときにも饗宴が開かれる。

守護聖人の祭りの任務《カルゴ》を果たし終えた者は、その共同体で社会的宗教的階層の頂点に到達したことを意味する。それは住民にとって最高の名誉だが、マヨルドーモにつくということは、祭礼の費用や食事などで莫大な出費をともなうことになる。つまり名声を得る代わりに富を犠牲にしなければならない。このようにして共同体内の富の余剰が消費され、みながおなじような経済的レベルとなる。貧しい村では、村びとはみなと同様に貧しくなければならないのだ。この意味でみなが平等の経済的レベルであることを理想とする村の生活では、マヨルドミーアは村内安全のかなめとなるシステムだといってよい。ともあれ、祭りは共同体の意識を高めるだけでなく、普段の単調な生活を発散させるため、村民になくてはならぬものであり、また唯一のぜいたくでもあるのだ。

先住民共同体の宗教には、先スペイン期からの要素が確かにみられる。しかしおおくの場合、かれらの現在の宗教が、基本的にはカトリックであるということも忘れてはならない。かつて多神教を信じていたメキシコの先住民は、今日でも、山や森林には精霊が住むものと考え、また農耕に関する異教的な儀礼をもっている。また、ものごとの善悪も、罪の概念で判断するより、世間体によって行動を規制する。しかしそれだからといって、簡単にかれらをカトリック信者でないとはいえない。メキシコの場合、ある人類学者がいうように、土着の神がみとキリスト教の聖人とが同一視され、「聖人信仰が古代宗教と入れ替わった」のである。

メキシコの農村は現在、激動期にある。コミュニケーションの発達、近代化政策による農村構造の変化、農村人口の都市への移動などによって、村の祭りも変わってきた。場所によっては、費用がかかる守護聖人の祭りが衰退したり、あるいは特定の祭りを観光化することによって、さらに盛んになったりしている。その後者の典型がオアハカのゲラゲツァである。ただし祭りの衣装などは手づくりのものがほとんど姿を消し、工場製の大量生産の布が一般化している。

一九六八年のメキシコ・オリンピックのころ、日本でも一時、化学繊維に化学染料を使ったメキシカン・カラーの布地が流行したものだが、それをみて、メキシコの色はあんな安っぽいものではないと憤慨した者にとり、いまのメキシコの祭りの衣装のおおくが、あの「メキシカン・カラー」と化していることが、なんとも残念に思えるのである。

オアハカ追憶の旅

メキシコ南部にあるオアハカへの旅は、わたしにとってまさに追憶の旅であった。

トシロ・ミフネ

一九六一年、「価値ある男」(原題「アニマス・トゥルハーノ」)というメキシコ映画に出演するため、三船敏郎氏がこの国をおとずれた。かれの人気はたいへんなものであり、人びとは街で日本人をみかけると、「トシロ・ミフネ!」と声を掛けたものだ。当時、留学中だったわたしは、親代わりに世話をしてくれた荻田政之助氏(後出)に連れられて、メキシコ芸能界が主催する三船氏の歓迎ハリペオ(ロデオ)に出かけた。メキシコ版カウボーイ・スタイルとでもいえるチャーロ姿にソンブレロをかぶった三船氏が、ウマにまたがりメキシコ国旗を掲げてさっそうと登場すると、場内のメキシコ人や日系人から盛んな喝采を浴びた。荻田氏もその日(六月十八日)の日記に、「三船氏はメキシコの旗を持って出て、素晴らしい人気。未だかつてこんなに日本が騒がれた事はなかった(注1)」と書いている。

メキシコ人、特に先住民の生活にとって、祭りは欠かせないものである。また、オアハカ州は、メキシコのなかでも、もっとも先住民がおおい地域である。「価値ある男」は、共同体のそうした祭りのマヨルドーモ(世話役)になることを夢みる、サポテコの男の生きざまを描いた傑作だった。だが、なぜ三船氏は欧米からの映画出演の依頼を断わって、条件が悪いメキシコ映画に出ることを承諾したのだろうか。かれは、メキシコ先住民との身体的類似のほか、かれらの価値観にみられる類似に親近感を覚えたからだと述べている。

〈上〉三船敏郎氏がメキシコ映画「価値ある男」に出演するためメキシコへやってきた。1961年6月18日、その歓迎ハリペオ(ロデオ)で、かれはウマにまたがり、メキシコ国旗をもって登場した

〈下〉そのハリペオに集まったメキシコ人や日系人。前列の右から2人目のカメラを構えているのが荻田、その左隣が著者。これほど歓迎された日本人は過去にいなかったそうである

ところで、この映画の舞台となったのが、オアハカ市の南東約三十キロの地点にあるトラコルーラである。オアハカの美しい風景を背景に繰りひろげられるこの映画に魅せられて、わたしはすぐさまオアハカへと旅立った。トラコルーラの日曜市には、周辺の山やまからさまざまな民族集団に属する先住民たちが、民族衣装をまとって集まり、賑やかに物品を売買している。それは映画でみた光景とまったくおなじであった。

トラコルーラからトウキョルーラへ

一九八〇年、ふたたびおとずれたトラコルーラはかなり変わっていた。先住民が集まる市場に変わりはないが、むかしのあの懐かしい雰囲気はあまり感じられなかった。かつてのように手織りの衣装を着ている者はあまりいない。女性が肩に巻くレボッソ（ショール）や、また腰巻風のスカートの色や模様は、以前と変わらず村によってちがうのだが、その布地は町でつくられた安手のプリント地である。男性も白シャツに白ズボン、それにむぎわら帽子をかぶり、麻袋を肩に掛けているところはおなじだが、ワラチェという革のサンダルは、むかしのような形のものは姿を消してしまい、底に古タイヤをもちいた簡単なワラチェがほとんどだ。

この市場では三船敏郎氏のことを懐かしそうに覚えている老人に出会った。かれの話によると、トラコルーラは近ごろ、トウキョルーラ（東京ルーラ）とよばれているそうだ。それは、ここのさまざまな店に、陶器や電気製品など、日本製品がおおいからだという。

そして一九九四年。トラコルーラは単なる先住民が集まる市場のある町から、外国製品を売買する大きな町へと変化している。またこの町では、アメリカへ働きに出かけない家族がないほど、出稼ぎが頻繁になっているそうだ。しかもそのことによって、伝統文化が忘れられるどころか、再認識して戻ってくる、とこの町の若者レネは強調する。かれ自身、今年、オアハカ市でおこなわれたゲラゲッツァの名で知られる民族舞踊大会に、町の者たちを引き連れて参加したという。

伝統的な町や村はどこも固有の守護聖人をもっている。これは先スペイン期（十六世紀以前）の各集落にみられた守護神信仰が、征服後、カトリックの聖人信仰に取り替えられたものと考えられている。こうした守護聖人を祝う祭りは現在も盛んにおこなわれている。祭りの費用を引き受けるマヨルドーモが、共同体で人望を得るのもむかしとおなじである。もちろんマヨルドーモ一人ですべての費用を賄うことは無理なので、各人がさまざまな方法で協力する。ゲラゲッツァという言葉は、民族舞踊大会の代名詞になってきているが、ほんとうはこの相互援助のことを意味するのである。

映画「価値ある男」の主人公、酔っぱらいのアニマス・トゥルハーノは、こうした祭りに使う金を集めるために家族を犠牲にして、マヨルドーモとなった。しかしかれが望んだ名声は得られなかった。名声を得るには、普段の奉仕や通常の良識ある行動も不可欠だからである。レネの父親はこの映画に対して、トラコルーラのマヨルドーモの伝統的なあり方を忠実に表現したものとはいえないとして、批判的だったらしい。そうなった理由は、この映画のもとになった作品『ラ・マヨルドミーア』を書いたトラコルーラ出身のロヘリオ・バリガ・ディアスが、本の権利を映画監督イスマエル・ロドリゲスに売ったために、映画では単なる名声を求める男の話に変えられてしまったからだという。ともあれトラコルーラでは、その映画とトシロ・ミフネの名が、子どもの代になっても語り継がれているのである。

この町からオアハカ市への帰り、盆地を囲む山やまの黒いシルエットの上に、素晴らしい夕焼けがみられた。トラコルーラの町の様相は変わっても、大自然の美しさはむかしのままであった。

六年ごとの祭り

メキシコ人はなんでもお祭りにしてしまう。六年ごとにおこなわれる大統領選挙も例外ではない。しかし一九九四年八月二十一日のメキシコ大統領選挙は、六十五年間におよぶＰＲＩ（制度的革命党）の長期一党支配体制が終わるかどうか、メキシコの歴史でもっとも緊迫した大統領選挙になりそうだと報じられていた。

確かに今回の選挙戦はたいへんな熱気だ。八月十三日と十四日、わたしはメキシコ市の中央広場ソカロ（憲法広場）でおこなわれた中道左派の野党ＰＲＤ（民主革命党）と与党ＰＲＩの選挙戦を締めくくる集会をみに行った。広場は爆竹や音楽、それに大統領候補を支持する数十万人の歓声で、まさにお祭り騒ぎだった。投票日が近づくにつれ、日常生活ではどちらかというとおとなしいメキシコ人の会話が、選挙の話でもちきりとなり、威勢のよい政府批判も聞こえてくる。こうした市民の話を耳にしたら、メキシコのことをよく知らない外国人は、ＰＲＩは敗北すると錯覚しても、無理はなかろう。

したがって投票日前に日本の特派員が書いた記事も、ＰＲＩの一党支配が終わるかもしれないといったものばかりだった。しかし選挙戦のあいだ、メキシコ人は六年のあいだにたまった不満を爆発させて、いいたい放題のことをいっていても、実際の投票となれば、従来どおりＰＲＩに一票を投じ、そのあらたな大統領のもとで、つぎの六年間のサイクルがはじまるにちがいないとわたしには思われた。そして選挙結果は、おおむねそのとおりになったのである。

わたしは大統領選挙の「外国人監視員」という肩書きで、いくつもの投票所をみてまわったが、投票所の係りを買って出た人びとや各政党から派遣された監視人も、長い列をつくっている有権者も、皆が選挙に参加することを誇りとしているようで、緊迫した空気など微塵も感じられない。むしろ晴れやかな気分で投票しているようであった。選挙後も平穏そのもので、わずかにＰＲＤが抗議のデモをしたくらいである。これはメキシコ人が、ある種のあきらめかもしれないが、不確実な変化よりも、不満足でも安定を選択したということだろう。とにかく大統領選挙という六年ごとにめぐってくる祭りが終わり、おおくの人びとはまたいつものきびしい生活に戻ったのである。

カレンダ

メキシコ南部の高原盆地に位置するオアハカ市は、スペイン植民地時代の教会や町並みで知られる地方都市である。そこに住む人間は、上層部のひと握りの「青白い」とも表現される白人を除けば、大半が褐色の肌をした人びとである。かれらは周辺に散在するサポテコ族やミヘ族などの集落の出身者だ。その皮膚の色はまっ青な空や原色の花、あるいは茶色い大地とぴったり合っている。したがって、この地でときどきみかける日本人観光客の肌は、異様に白く感じられて似つかわしくない。

大統領選挙が終わった直後のせいか、オアハカ市の印象は静寂そのものといった雰囲気であった。わずかに、中央広場を囲む回廊を利用したレストランが外国人観光客で賑わっている程度だ。広場ではテントをひろげて、何人かの男女が反政府的な寸劇などをおこなっていた。ひと握りの見物人は山から出てきた貧しい若者ばかりである。外国人観光客はビールを飲みながらのおしゃべりに夢中で、それにはまったく関心を示さない。メキシコ市はあらゆる面でアメリカ化が進行しているが、オアハカ市にはまだその荒波があまりおよんでいないといってよかろう。

オアハカ市の伝統的な祭りといえば、マルモータ（長い竿の上にのせた提灯）やモノ（人がなかにはいっておどけた動作をする巨大な張りぼて人形）が楽隊のメロディーに合わせて行進するカレンダである。カレンダとは、守護聖人などの祭りの際、祭りの当日の二日前におこなわれる行事を指す。なかでも有名なのが、オアハカ市の守護の聖母を祀る十二月中旬のラ・ソレダー教会のカレンダであろう。

ここでは、わたしが取材したコンソラシオンの聖母の祭りの例を述べてみたい。この聖母の祝日は九月八日であるが、まず八月二十九日の夕方、コンビーテ（祭りの触れこみ）がおこなわれる。そのための一団がコンソラシオン教会を出発して、街を練り歩く。楽隊のメロディーに合わせて、子どもがなかにはいった巨大なモノが踊りながら進む。最近死去した偉大なコメディアン、カンティンフラスをかたどったモノもある。その愛嬌ある口ひげとだぶだぶズボンで、一目でかれだとわかる。またミッキーマウスに似たネズミのモノもいる。モノのあとには花や風船で飾られた葦の茎を手にした女・子どもがつづく。その行進のあいだに、爆竹がときどき、威勢のよい音を立てる。市場の前では、見物人に軽食や飲みものを振舞う。中央広場でも夜にはいってから、モノの踊りが賑やかにつづく。

八月三十日から九月七日まで、つまり祭りの当日より前の九日間をノベナという。この間、教区教会に属する各グループがそれぞれ聖母への信仰を捧げる。伝統的なカレンダは九月六日の夜におこなわれる。チナとよばれる花かごを頭にのせた少女たちも参加して、街じゅうを練り歩くのである。

九月八日の祭りの当日は、朝の五時に奏でられるマニャニタースという曲ではじまる。教会ではミサがほとんど一日じゅうおこなわれているが、主要なミサは夜の八時である。その後、カスティージョ（城）とよばれる仕掛け花火がもやされ、トリート（子牛）の名で知られる、花火がはめこまれたウシの頭の張りぼてを背負った男が踊る。そのおどけた動きとともに、祭りはクライマックスを迎える。

これらの祭りはコンソラシオン地区の有志が委員会を組織しておこなっている。こうした伝統的な祭りの担い手は、わたしが会った指導者のファン・マスエル氏のように、先住民出身の貧しい人びとなのである。

祭りの当日の夜、教会の中庭では、近隣の教会のエスタンダルテ（旗）を担いだ人びとの行進がおこなわれる。ビロードでつくられた旗のまんなかには、時代ものの豪華な聖母や聖人像がはいった額が取りつけられている。エスタンダルテはそれぞれマヨルドーモが保管し、祭りの際に担いで行く。サンティシモ・ロサリオ信心会の会長カルロス氏の話では、年に三十回もエスタンダルテをもって参加

オアハカ市での祭りに使うモノとよばれる巨大な張りぼて人形。人がなかにはいって(人形の腹のところに人の顔がくる)おどけた動作をしながら練り歩く。写真は祭りの前夜、観光課の職員と祭りの世話役の家をたずねたときのもの

テワンテペックに「メキシコ万歳」という映画を撮影しにきたソ連の映画監督エイゼンシュテイン（右）と荻田。サインはエイゼンシュテインから荻田氏へのもの。1931（昭和６）年11月19日

するとのことだ。

また、六十二の教会のエスタンダルテがあるはずだが、旗を紛失したり、あるいは旗を担ぐ者がいなかったりして、エスタンダルテの行進に実際に参加するのは、そのうち半数程度だそうだ。しかも重たい旗を担ぐ者が老齢化してきており、そのうえ、若者が興味を示さないので、あと一年もすると、この伝統も消滅するかもしれないといっていた。

ドクトル・マリオ・オギタ

ドクトル・マリオ・オギタこと、荻田政之助氏は、一九二五（大正十四）年から一九四二（昭和十七）年にかけて歯科医としてテワンテペックに住んでいた。かれはつぎのような一文を残している。

　南メキシコの片隅、太平洋岸近くにテウアンテペックの古邑《こゆう》がある。サポテコ族によって構成されていて、私の第二の故郷でもある。青春

時代二十年の年月を完全に此処で過した私は、長いメキシコ生活においてこの古邑が一番懐かしい。

テウアンテペックとはナウア語（古代アステカ族の言語）[注2]で、「猛獣のいる山」という意味で、サポテコ達は「キシイ」とこの土地を呼んでいる。キシイとは不断の火と云う意味であるらしい。一年中暑いからであろう。

この古邑が世界的に有名なのは、昔通りの特殊な着物をつけ、習慣も他所と異なっているからであろう。

曾つて、ディエゴ・リベラ画伯は私に「世界に古代美が残っている場所はジャワとこのテウアンテペックだけだ」と云った。

荻田氏はリベラのほかに、「メキシコ万歳」の撮影のために一九三一年、テワンテペックへやって来たソ連の映画監督セルゲイ・エイゼンシュテインとも、懇意になっていたようだ。その「メキシコ万歳」の第一話は、テワンテペックでの愛と結婚の物語を幻想的な美しさで表現したものである。それにはつぎのようなナレーションがつく。「熱帯のテワンテペック。ここではヤシのけだるい葉ずれの音のなかで、ゆっくりと時間が流れてゆく。そして生活のしきたりは何世紀も変わらない」。

一九六六年にはじめてテワンテペックをおとずれたとき、この地方の有名な舞曲サンドゥンガのロマンティックなメロディーが流れるこの町のもつもの憂いばかりの悠久さに、ここでは時間が何世紀も前から止まったままではないのかと、わたしも錯覚したほどである。それとわたしを手厚く迎えて

〈上〉黄昏どきのテワンテペック。このメキシコ南部の町は常夏の地であるが、夕方になれば暑さも弱まり過ごしやすい

〈下〉盛装した褐色の肌をした娘たち。彼女たちが着ている、刺繍がほどこされたウイピル（上着）とエンレド（スカート）は、メキシコでもっとも豪華な衣装のひとつ。それに金の首飾りや腕輪を身につけている

伝統的な踊りを習っている娘たち。練習が終わると、ジーパン姿になっていた。しかしひとむかし前までは、テワンテペックの女性ならだれでもこうした衣装を身につけていたものである

くれた友人マルタの親切さと、美しい刺繍がほどこされたウイピル（テワンテペック地峡では貫頭衣型の上着）とロングスカート姿で踊る女たちのことが、いまもって忘れられない。

一九八〇年にテワンテペックを再訪した。バスでこの町に真夜中近くになって着いた。懐かしのマルタの家へ直行したが、彼女はおらず、門のところで見知らぬ小娘に、こんな時間にうろついていると危ないから、一刻も早くホテルへ行ったほうがいいよ、とせき立てられた。やりきれない気持ちでホテルに行ったが、部屋の水道からは一滴の水も出なかったうえ、何回も停電した。翌朝、市場に出かけたが、そこでものを売っている女たちが着ている伝統的衣装も、手製のものから、機械製のものに変わっていた。そのうえ驚いたのはハエのおおさだった。それは、以前はきれいだった川岸が、ごみ捨て場になっているために、ハエが発生し群れをなして飛んでくるからだ。

このときのテワンテペックは、太平洋岸のサリナ・クルスとメキシコ湾岸のコアツァコアルコスのあいだにあって、発展からとり残されてしまった町という印象だった。

一九九四年にも、テワンテペックをおとずれた。まず目についたのは、テワンテペック川がかなりきれいになっていたことである。ただし、川で水遊びしている子どもたちに、荻田やリベラの時代の風物詩といえた、上半身裸で、髪を洗う娘たちの姿を重ねてみたが、そのギャップは大きかった。ウイピル姿の女性がすくなくなったことも、最近の変化だといってよい。この町の文化会館で、スペインの女性カメラマンが民族衣装の娘たちの撮影をしていたが、彼女たちはここで、伝統舞踊を習っている生徒たちであり、撮影が終わるとすぐに、その華麗な衣装から無地のブラウスとジーパン姿に戻っていた。

テワンテペックの伝統、いま、むかし

テワンテペックでこの町の伝統文化にくわしいアントニオ氏に会った。かれは有志とともに、十六世紀に修道士のファン・コルドバ師が編纂した『サポテコ語辞典』の現代語版をつくっている。アントニオ氏などの努力に対して、「なんの役に立つのか」と批判する人もすくなくないらしい。しかし日ごとにサポテコ語が失われている現在では、辞書づくりは急務なのだと語っていた。

かれはまた、五十年前のテワンテペックは完全に別の世界だったという。祭りにしても、現在のものは俗っぽいお祭り騒ぎに過ぎないが、むかしは厳粛なものであった。一月の終わりか二月のはじめにめぐってくる守護聖人の祭りも、元来は、単なる聖人のためというより、トウモロコシ、ココヤシ、サトウキビなどの収穫を神がみに感謝するためにおこなったものであり、その収穫物はみなでわけあって祝ったのである。

伝統的な慣習が失われてきていることの最たるものが、結婚の際における女性の純潔の問題だろう。十年ないし十五年前までは、結婚するには、花嫁は処女でなければならなかった。たとえば、ある娘が川辺で酔っぱらいに犯された場合、その娘がどんなに美人であっても、その後はだれも相手にしなかった。多分そのかわいそうな娘は、ずっとあとになってから、やもめと結婚できるかもしれないが、同年齢の男とは結婚できなかった。

結婚式のあと、それに集まった人びとに花嫁が処女であったことを知らせるために、その証拠となる血のついた布を示さねばならなかった。それが家族にとって名誉だったからである。処女であったことがわかると、音楽が奏でられ、酒を飲んで、賑やかに祝った。しかし花嫁が処女でなかったら、場合によっては花嫁を追い返したり、結婚にかかった費用を全額払わせたり、あるいは、その娘を奴隷のように扱い、男は独身のように振舞ったものだ。いまの若者はこうした伝統があったことさえ、ほとんど知らないでいる。

荻田氏はテワンテペックの住民のおもな特徴として、「人の噂をする事が大好きだ」と書いているが、この点はいまでも変わっていないらしい。文化会館の前で立ち話をした女性が、ドクトル・オギタのことを覚えていて、かれの落とし子が市場で働いているよ、と教えてくれた。わたしを案内した市議会の係り(かれはサリナ・クルス出身)は、ここの人間は特別なので、よく事情を調べてからでないと会わないほうがいいよと忠告してくれた。

荻田氏にはメキシコ市に日本人の妻がいたが、このことは知らされていなかったにちがいない。いまとなってはどのような事情だったのか、だれもわからない。ともかく翌日、市場で彼女に会ってみた。テワナ(テワンテペックの女性)の典型的な服装をしているが、顔立ちは荻田氏とそっくりだ。かれが子どものように可愛がり、またわたしと親しかったマルタの母親が、彼女を荻田氏に近づかせなかったので、荻田氏と接触しなかったらしい。彼女と話しているあいだじゅう、昨日、わたしにドクトル・オギタの娘のことを話してくれた女性が、少し離れたところで見詰めていた。

荻田氏の名誉のために、一言つけ加えておくが、かれは市当局が認めているように、「その人徳と職業的な誠実さで快い思い出を残した」人物であった。マチョ（男らしい男）を尊ぶ国柄では、甲斐性がある男なら、女性が何人いても不思議ではなく、またその面子は守ってやらねばならない。これは男にとってよき時代の話なのである。

結婚披露宴

フチタンはテワンテペックから北東に二十五キロの地点にある。双方ともイスモ（テワンテペック地峡）とよばれる地帯に位置する。両者はサポテコ族が人口の大半を占める点でも、風俗の面でも類似しているが、じつは何かとライバル同士でもある。それは十九世紀なかごろ、フランス軍がこの地方に侵攻したとき、フチタンの人びとはフランス軍と戦ったのに、テワンテペックの人びとは協力したという、歴史的なものに起因している。

この町で、市議会に勤めるフェリシアーノ氏の世話になった。かれは友人の結婚式にわたしを連れて行ってくれた。運動場の一角に天幕を張り、そこに、パペル・ピカードとよんでいる切り絵を飾ったり、ココヤシの実を吊るしたりした、披露宴会場が設けられていた。集まった客のほとんどの女性がきらびやかなウイピルをまとっていた。しかし刺繍は機械製のようだし、髪飾りの花もプラスティック製だった。フェリシアーノ氏は慣習にしたがって、ビールを二箱お祝いとしてもっていった。飲みものや食べものをだされたら、断わらずに受け取ってくれと、わたしはかれに念を押された。教会での結婚式のあと、参列者は日本の仲人にあたる代父の家からこの会場まで楽隊を先頭に行列してやってきたとのことだ。

会場ではビールを飲んだり、つまみを食べたり、この地方の舞曲ソンからサルサなどのトロピカル音楽までさまざまなリズムに合わせて、ダンスを踊ったりしている。途中で新郎新婦が退座したので、フェリシアーノ氏に尋ねたところ、かれらはハネムーンに出かけたのだという。彼女が処女であることが証明された場合、翌日、花火が打ち上げられるそうだ。しかしじきに二人は会場に戻ってきた。フェリシアーノ氏の奥さんは、新婦がすでに妊娠していることに気づいた。この場合はすでに「すんだ」こととして、ハネムーンに出かけなくてもよいといっていた。ここでは日常生活は質素でも、祭りやパーティは思い切り派手におこなって、楽しく過ごすのである。

ベラとよぶ祭り

この町の文化会館の館長ビセンテ氏に、フェリシアーノ氏といっしょに会った。三十歳そこそこのハンサムなメスティソ(スペイン人と先住民の混血)の青年は、伝統文化の保護や振興に関する連邦政府の援助は十分ではないが、どうにか先住民自身の協力でおこなっていると語っていた。近く『サポテコ詩集』を出版するそうだ。さまざまな民族集団に属する若い先住民詩人の全国規模の会が存在し、三百六十人もの会員がいるとのことだ。フェリシアーノ氏も伝統音楽の歌手であり、かれ自身が歌っている「サポテコ語の歌」のカセットを贈ってくれた。

フチタンでの結婚式。その披露パーティの席で踊る新郎新婦。かれらの服装は西洋式だが、パーティに集まった女性は全員、この町独自の派手な民族衣装を身につけていた

ビセンテ氏に、フチタンの特徴的な祝祭のよび名として知られている「ベラ」（スペイン語で「ロウソク」の意）について聞いてみた。いろんな説があるが、どうも教会で祭りの際に使うロウソクが祭り全体を指す言葉になったらしい。祭りの準備として、「ロウソクの引き渡し」と「ロウソクの製作」が重要な要素となっているからだ。ベラでは、絢爛《けんらん》豪華なパレードと、マヨルドーモの家の中庭に設けられた屋根の下でおこなう宴会とダンスが中心となる。また、参加する女性たちの色彩ゆたかな民族衣装は圧巻である。

祭りは守護聖人を祝うためだけのものでなく、街の者すべてが参加して、楽しむ機会でもある。ひとつのベラのサイクルが終わるとつぎの年のサイクルがはじまる。つまりその年のベラの世話役であるマヨルドーモが役を終えると、つぎのマヨルドーモに任務を引き継ぐ。そのとき、「ロウソク」も渡される。この者は補佐とともに、祭りの準備をはじめる。そのおもなものが十三対のロウソクをつくり直すことである。それは高さ一メートル以上、直径十センチから十五センチもある大ロウソクで、飾りがついている。

すべての準備が終わると、ベラがおこなわれることを告げる行列が賑やかに繰りだされる。祭りの前日は、ウシやニワトリを殺してご馳走をつくったり、祭りがおこなわれる場所の設営をする。そして祭りの当日となる。華麗な行列と教会でのミサとご馳走。しかしクライマックスはその日の深夜におこなわれる「マヨルドーモの任務の引き継ぎ」であろう。マヨルドーモは自分の大役を果たしたので、あたらしくマヨルドーモを引き受けた者とともに、夜明けまでどんちゃん騒ぎをするのである。

ベラにはキリスト教の守護聖人のためだけでなく、さまざまなベラがある。この祭りの起源は十六世紀初頭におけるスペイン人による征服以前にまでさかのぼる。古代の信仰と関連したものとしては、たとえば、ゲラベニエ（トカゲの池）とよばれるベラで、これは聖人となんの関連もないが、そのシンボルとして十字架をもちいる。漁師のベラや農民のベラもある。またフチタンにはロペス姓の者がおおいが、同姓の者が集まった「ロペスのベラ」などもある。ベラのおもしろい現象としては、伝統が失われる代わりに、再生産されていることだという。もっともあたらしく出現したベラは「先生たちのベラ」である。

フチタンで、イスモ工業大学の元学長パリクティン・オシノ氏に会った。かれの日本人の父親ドン・フスト（押野甚吉氏）は、一九二四（大正十三）年、身ごもった新妻を日本に残してメキシコへやって来た。しかし、妻子をよび寄せないうちに太平洋戦争が勃発し、日本とメキシコは国交を断絶してしまった。そこでかれはフチタンの女性と結婚して、パリクティン氏が生まれたわけである。日本に置き去りにされた家族はそれを長いあいだ知らなかったらしい。ドン・フストや日本の妻が亡くなったあとに、日本の息子がメキシコをおとずれて、義母や義兄弟と会見した。このことでそれまでのすべてのわだかまりは氷解したという話である。

未知の世界へ飛びだした移民の一世には、だれにもさまざまな苦労と人生ドラマが秘められているのだ。他方、ドン・フストは戦前、土地の少年エンリケ・ロペス氏を養子にして教育を授けた。そのエンリケ氏の息子が、外交官のアルベルト氏だ。かれの奥さんも日本人である。日本とメキシコの絆とはこのように深いものなのである。

多様な文化が特徴のオアハカ州には、支配層に属する少数の白人、中間層を中心にもっとも数のおおいメスティソ、それにサポテコ族をはじめとする十五もの民族集団が住んでいる。先住民の数は約百万人であり、それは州の人口の三分の一に当たる。

ここでは、それぞれの町や村が、祭りを中心とした生活のサイクルを繰り返しながら、変化しつづけているのである。

（注1）荻田氏の日記は『メキシコにかける夢――荻田政之助と日系移民の世界』（高山智博編著　一九八六年　平凡社）にくわしく採録されている。
（注2）サポテコ族が住むオアハカ地方は、かつてアステカ帝国によって征服された歴史をもつので、その地名にはナワ（ナウア）語のものがおおい。

荻田政之助と日系社会

一九七六年一月十一日、メキシコに住む荻田政之助氏から、めずらしく遅れて年賀状が届いた。それには「幾歳をこのメキシコに過ぎ行けど　年の始めは古里憶ふ」という句がそえられていた。半世紀以上もメキシコで生活していても、やはり故郷は忘れられないものかと、わたしも何となく感傷的になった。そして奇しくもその晩、メキシコの須賀貞良氏から国際電話があって、荻田氏の突然の死が伝えられ、愕然としたのである。思えば荻田さんはわたしのメキシコ留学を可能にしてくれた恩人であった。この初の海外生活でわたしのその後の人生は百八十度転回したのだ。それから荻田家の一員として過ごしたあの懐かしき日々のことが、走馬灯のように頭のなかを駆けめぐった。

荻田家の夕食

わたしがメキシコ市の旧市街の一角、ウルグアイ街七十五番地にある荻田さんのお宅で世話になったのは、一九六〇年三月三日からであった。荻田夫妻は、百六、七十年前に建てられた三階建ての建物の奥にあるパティオ（中庭）に面した一、二階に住んでいた。外部の騒音から隔絶されたパティオのうらぶれた感じが素晴らしい、と猪熊弦一郎画伯からいわれたとのことで、パティオ側の窓ガラスは、何年もふかれたことがなかった。

そのころの荻田家は、まさに日本人芸術家のたまり場であった。わたしはこの家のメンバーになったということで、荻田家に集まった人びとから親切にされた。たとえば、市内見物にはじめて連れていってくれた人が、益子焼の浜田庄司の息子・篤哉さん、日曜日に映画にさそってくれた人が、当時、

メキシコ市の旧市街、ウルグアイ街75番地にあった荻田家での夕食風景。右からマリオ・アロンソ氏、阿部金剛画伯、安藤幹衛画伯、荻田、平田良子さん、玉。1962年撮影

おなじ建物の三階に住んでいて、現在はニューヨークで活躍している画家の河原温さん、といった具合だった。そのほか、わたしが荻田さんのところで出会った芸術家には、画家の鳥海青児、利根山光人、阿部金剛、安藤幹衛、金子真珠郎、彫刻家の高橋清、写真家の三木淳などの諸氏がいた。また若者では、現在もメキシコに滞在して絵を描いている竹田鎮三郎や、その後グアテマラへ渡った染織研究家の児島英雄などが荻田家でいっしょだった。こうした人びとが毎週土曜日の晩になると、食事に招待されては、荻田さんお手製の料理に舌つづみを打ちながら、話に花を咲かせていた。

石畳が敷かれたパティオの奥にある荻田さんの住まいのふるくさいドアを開けると、すえたような異様なにおいが鼻をつく。部屋のなかには太い石の柱が何本も立っているので、この建

物が頑丈な造りだと思わせるものの、壁には亀裂がはいり、すすでよごれた天井には穴があいている。裸電球ひとつのうす暗い部屋のまんなかには、大きなテーブルがある。ここが荻田家のサロンなのである。まわりの机や茶だんすの上には、瓶や缶が所狭しと置かれ、壁にはさまざまな、ふるいカレンダーが乱雑に掛けられている。

奥さんの玉さんは半身不随で手足が不自由なので、料理ができあがるまでのあいだ、ここで訪問客の話の相手をする。隣りの台所では、荻田さんが昼間、サン・ファン市場で買って来たワチナンゴ（鯛）を手際よく刺身にしたり、アルメハ（あさり）の味噌汁をつくったりしている。ソノラ米のご飯は、メキシコ市が海抜二二四〇メートルの高地にあるので圧力釜でたくが、できあがるとシューシューと大きな音を立てる。得意料理は荻田式釜飯である。それにオアハカ地方の地酒メスカル（竜舌蘭からつくる蒸溜酒）、あるいは客からもらった日本酒がつく。夕食がはじまるのは、わたしやメキシコに長期滞在の若者が手伝っても早くて十時。それから真夜中の二時、三時まで、荻田さんによる、自分が集めた土器や土偶をみせながらの古代文明の話や、先住民の村での奇想天外な体験談などが尽きることなくつづいたものであった。

わたしは荻田さんの死を知って、メキシコ文化研究に一生を捧げた荻田さんの業績を世に知らせねば、と思った。また荻田さんの個人史は、メキシコという異文化のなかに生きた明治生まれの日本人の一典型として貴重な価値をもつものではなかろうかとも考えた。

海外雄飛の夢

荻田政之助は、一八九八(明治三十一)年八月三日、神奈川県愛甲郡愛川村田代一〇四七に生まれた。そこは中津渓谷に近い丘陵地帯にあり、家の前には裏甲州街道に通ずる道がとおっている。荻田は家のそばにそびえる円錐形の山を、あれはピラミッドにちがいない、などといっていた。またその地は風光明媚な上、歴史的エピソードにも富んだ場所である。

荻田政之助の父は稲吉という。祖父・荻田清十郎の長女・カネが一人娘だったため、箕輪の酒屋、関根常次郎の二男・稲吉を荻田家の婿養子として迎えたのである。荻田稲吉は長いあいだ、愛川村の村長として植林などに貢献があった人である。しかしながら、当時の村長というのは名誉職で、金がはいるよりも出ることがおおく、その上、収入役が使い込んだ分を弁済しなければならなかったりして、不動産を全部抵当に入れてしまったと荻田の親族はいう。しかし、荻田自身によると、財産を抵当に入れたのは、その一部であろうが、祖父の時代からのことであったらしい。

したがって荻田家は経済的にかなり困窮していた。それでも父が教育熱心だったためか、政之助だけではなく、兄の岩、弟の謙三や稔も厚木中学(現・厚木高校)を卒業している。だが、親にはそれ以上の教育をほどこすことはできなかった。そこで一九〇七(明治四十)年、岩がまず修学の目的でアメリカへ行く。けれども生活のため野菜を扱う食料品店などを経営して働かざるを得なかった。それはまた、日本に送金して親を助けるためでもあった。そのころの日本の農村は、荻田家だけでなく、一般に不況で貧しかったといってよい。

日露戦争（一九〇四〜〇五年）の勝利の喜びに酔う暇もなく、終戦後の不景気と、さらに一九〇七年アメリカで起こった経済恐慌のあおりで、当時の国民は重い負担に泣かされていたからである。荻田は中学卒業後、兄のいるアメリカへ行くことを希望したが、それは不可能だった。一九〇八年に結ばれた日米紳士協約によって、「日本政府は、再渡航者およびアメリカ合衆国に居住している者の両親、妻、二十歳以下の子孫以外の者に対して旅券を発給しない」ということになり、兄弟では呼び寄せることができなくなったからである。そこで、岩は荻田を、排日のアメリカではなく、親日のメキシコに呼び寄せようとしたが、それもうまくいかず、結果としてペルーへ行くはめになったのである。

厚木中学時代

政之助は一九一一（明治四十四）年、田代小学校を卒業したのち、厚木中学に入学した。かれは厚木中学の十回生であった。

その厚木中学の一年後輩に茅誠司氏（元東大総長）がいる。茅氏は荻田のことに関して、神奈川県立厚木高等学校同窓会の「会員名簿」（昭和五十五年度版）の巻頭文でつぎのように記している。

昭和五十四年十一月に私は家内と二人して、南米を十九日間にわたって旅をした。最初に飛行機を下りて泊ったのは、メキシコ・シティだった。

その二十五年前の昭和二十九年の十二月にわたしはこの土地を訪れた事があるが、厚木中学で

1954年、日墨文化協定を締結するためにメキシコをおとずれた岡崎勝男外相と荻田。２人は厚木中学時代の旧友なので、荻田にとってはまさに、35年ぶりの涙の再会であった

私より一年先輩の荻田政之助さんという人が、この土地に居られることを聞いていたので、大使館で尋ねたら健在だとの事であった。大使館の人達の話によると、あの戦争中から戦後にかけてメキシコ・シティの郊外で歯科医師として活躍され附近の住民に大変な信用があるとのことだった。私の行った一寸前に岡崎勝男さん〔同期〕が外務大臣としてこの土地を訪問された時、荻田氏は岡崎さんの顔を見るや泣きだしてしまったそうである。この二人は寄宿舎に入っていたので、クラスは違っても親しかったらしい。

私の場合はそれに懲りて呼ばなかったとの大使の話だったが、私が来たら渡してくれといってマヤ文化のものかと思われる土器を渡されたが、私は幾分不満だった。

今度大使館員に荻田さん

のことを聞いたが知っている人がいなかったので落胆してしまった。

もう一人、厚木中学時代のクラスメートで、しかも寄宿舎でもいっしょだった人物に工藤撰吉氏がいる。氏は中学を中退したのち、ペルーへ渡り、首都リマで兄・六一が経営する絹織物で有名な工藤商会で働いていた。荻田は中学卒業後、一年半ほどたってからペルーへ行き、リマに着くとすぐに工藤商会へ赴き、撰吉に「君をたずねて来たのだよ」といったという。氏はまったくそんな話を聞いていなかったのでびっくりしたが、ともかくその後、荻田は工藤商会の店員としてペルー時代を過ごすことになるのである。

秘められたペルー時代

荻田政之助はわたしに、ペルーへ行ったことがあると一度だけ語ったことがあった。それは一九六一(昭和三十六)年八月五日、ペルー在住の天野芳太郎氏がメキシコ市の荻田宅をたずねられたときであった。その年の四月、日本で開催された「インカ黄金展」に出席されてからの帰途、氏がメキシコに立ち寄られたのである。ラテンアメリカの日系人中、異彩を放つ両人のはじめての出会いに立ち会ったわたしは、その橋渡し役を果たせたことに感激した。それは、すでにわたしが天野氏を知っていたからである。わたしが氏の存在を知ったのは、氏が第二次世界大戦中に書かれた『我が囚われの記』(汎洋社　一九四三年)を、神田の古本屋で偶然みつけて読んだときのことであった。当時、高校生のわたしは、ラテンアメリカを股に掛けて縦横に活躍された氏の姿にあこがれたものだった。その後一九五八年五月、東京で開催された「インカ帝国文化展」のために来日された際、上智大学で講演されたが、そこではじめて氏と言葉を交わしたのである。

天野氏は荻田宅での語らいのとき、わたしに「ペルーへ来られたら、援助してあげますよ」といわれた。そこでわたしはペルー行きを熱望し、その日のうちか、あるいは翌日、天野夫妻を空港へ見送りに行ったときに、そのことを荻田に話したところ、「俺だってペルーには行ったことがあるよ」といったものの、それ以上は何もくわしく話してもらえなかったように記憶している。

確かに荻田はペルーに行っていた。ただ、なぜかほとんどペルーについて語ることがなかった。わたしのほかにも荻田の知人の何人かは、荻田がペルーにいたことがあるのを知っていた。しかし、それもメキシコからペルーに行ったように聞かされていたのである。ここで天野氏と日本人のペルーへの移住について簡単に紹介しておきたい。

天野芳太郎は荻田と同じ一八九八(明治三十一)年に秋田県で生まれた。父は土木建設に従事していたが、石油事業に手を出して無一文となり、北海道に渡ったという。天野は小学校時代、北海道で先史時代の石斧を拾ったが、そのときの感動が、ペルーでの古代遺物の収集へと連なった。一九一三(大正二)年、秋田県立工業学校に入学した。この時代、幅広く本を読み、特に影響を受けたのが押川春波の冒険小説であった。その小説のなかでも、ヨーロッパ列強の東南アジア侵略に同情して決起を促すといった内容の作品が影響を与えたのだろう。卒業後、天野式井戸ポンプの製造販売や、子育て饅頭の名で有名な饅頭屋として成功した。しかし一九二三(大正十二)年、ペルーで財を成した女傑、末富ヨシ(後の井川よし)と出会い、南米行きを勧められる。その後一九二九(昭和四)年になって、ペルーの末吉商会の協力を得てパナマ市に天野商会を開業した。そのほか、チリでは農業、コスタリカでは漁業などと、一国一事業主義で事業をおこなった。一九四一年、太平洋戦争が勃発すると、米国の強い支配下にあったパナマは日本に対して宣戦布告した。天野はスパイ容疑で逮捕され、翌年、米国に連行されたのち、日本に帰国した。

戦後の一九五一(昭和二十六)年、再度、南米で活躍することを決意し、ペルーに渡る。漁業会社を設立したが、今度は文化で貢献したいと古代アンデス文明の研究に着手した。一九五六年、文化人類学者で東京大学の泉靖一助教授(当時)と出会う。そして一九五八年、天野コレクションを中心とした「インカ帝国文化展」が東京で開催されたのである。天野氏は一九六四(昭和三十九)年に「天野博物館」を完成させた。この博物館は入場料を取るためのものでなく、無料で、しかも天野自身が訪問者に説明した。こうした態度に、日本とペルーの文化的な架け橋になろうとしたかれの姿勢を感じとることができよう。一九八二(昭和五十七)年、天野はペルーにて天寿を全うしたのである。

ラテンアメリカへの日本人の移住は、一八九七(明治三十)年に、榎本武揚がメキシコのチアパスに送った「榎本移民団」からはじまる。

ペルーへの移民はその二年後であった。当初の契約移民たちは、農場での過酷な労働や風土病などで、惨憺たる結果となったのである。したがって、その後の日本人移住者は都市に集中した。荻田がペルーに到着した一九一七年は、リマの日系社会の統合期に当たっていた。つまりこの年の十月、

「秘露《ペルー》中央日本人会」が発足した。工藤商会の工藤六一（工藤金司の二男）はその創立委員の一人であった。

荻田がペルーに行った一九一七（大正六）年の翌年、第一次世界大戦が終結する。大戦中は、ペルーも一次産品（銅、鉛、グアノ〔鳥糞、肥料用〕、綿花など）の輸出で繁栄したが、戦後になると輸出は激減し、失業者が続出した。荻田はこうした不景気と社会不安のなかで生活するはめになったのである。

満たされざる生活

荻田の中学時代の友人、工藤撰吉氏（工藤金司の四男）の話によると、荻田がやって来たころの工藤商会（工藤金司が設立）はひじょうに繁盛していて、毎日たいへんな客で、販売係り（荻田もその一人）はみなへとへとになったものだそうである。けれども、工藤家の者も従業員もみな、大きな家にいっしょに住み、食事も奥さん連中やお手伝いさんが日本食まがいのものをつくってだしていたので、金がかからず、生活には何ら心配がなかったものらしい。

荻田は数おおくの従業員のなかでも、特にまじめで、女遊びすることもなく、一所懸命に金をためていた。そしてそのころから古代ペルーの土器などを集めていたという。また厚木中学時代にテニスの選手をしていたので、テニスは上手だったとのことである。

しかし、表面的にはかなり優雅な生活を送りながら、荻田の内面では不満や失望が育まれ、ペルーからの脱出を考えはじめていたようである。

荻田は最初、米国に行こうとした。そこで工藤六一の紹介で駐リマの日本領事に会ったが、領事に、「荻田さんはとてもよい人だが、規則上できないので、勘弁してくれ」といわれてしまった。そこでメキシコ行きとなったわけだが、それが結果的には、「排日の米国ではなく、親日のメキシコに行ったのがよかった」と、撰吉氏は述懐していた。

メキシコでのあらたな出発

荻田がペルーでの生活を捨てて、自ら託したメキシコへやってきた一九二〇(大正九)年九月は、この国にとってまさに、希望の光が一面に輝きだしたときであった。その意味ではまことに幸運だったといえる。

メキシコはフランシスコ・マデロによる一九一〇年の革命以来、幾多の血なまぐさい変遷を経て、一九一七年には、ベヌスティアーノ・カランサの政権下で、革命の精神を集大成したともいうべき革新的な新憲法が発布された。しかし憲法を制定するだけでは十分でなく、そこに謳われたものが実現されなければならなかったが、この点でカランサに対して民衆の不満が高まり、一九二〇年四月、荻田がリマで知って心配した反乱となった。この反乱は名将として知られるアルバロ・オブレゴンを中心としたものであり、すぐにメキシコ全土にひろがった。敗北を悟ったカランサは、五月十八日、亡命しようとして逃げる途中、暗殺された。そして荻田がメキシコのマンサニーヨ港に着く前日、つまり九月五日に、大統領選挙がおこなわれて、オブレゴンが当選したのである。

十二月一日、かれが大統領に就任したが、これによって、混乱をきわめていたメキシコに待望の平和と統一がもたらされた。その上、この国がかつて経験したことのない社会改造とあらたなメキシコ文化の創造が実行に移されることになった。こうした歴史的な時期に荻田はメキシコの地を踏んだ。しかも、荻田は汽車でマサトランからエルモシーヨへ向かう途中、クリアカンのホテルでそのオブレゴン将軍と言葉を交わす奇遇に恵まれたのである。

生涯の目標を定める

幻滅と模索のペルー時代を過ごした荻田にとって、メキシコは希望の地であった。米国にいる父や兄弟といっしょでないことが唯一の不満だったが、ここには米国のような排日運動は存在しなかった。しかし、それがメキシコへ波及することを荻田はひどく心配した。それで一九二一（大正十）年一月三日の日記に、「新年早々、日墨親善協会を作るつもりなり」、と記したのであろう。かれは当時の高ぶる気持ちをつぎのようにも書き残している。

吾々大和民族の足の印する所、すべて憎悪を持って見られ、狐狼のごとく猜疑せられる当今、世界各国中、殆ど日人〔日本人〕を迎えて呉れる所がない。しかし割合に好感を持って迎えて呉れ、好感を持って交際してくれるのが不思議にも世界中最排日国の隣邦墨国〔メキシコ〕である。勿論、この墨国に居住する日本人は総数わずか三千人足らずであるが、日人に対して憎悪されないだけでも天地広く生活が営める理由である。

而して吾々日本人は、この親日的傾向にある墨国に於て、此の思潮を永久的に継続させ、尚且つ、より以上に親密を増進させると云う事の重大問題を持っており、これは又不断の責任である。日本の外交は例え外部的に出て政府当局が取り扱うと云えども、内部的に国民一個人が国家と云う観念を持って、実行しなければならない。

吾々は日々、墨国人と対応する時に於て、最もその行為が精神に大影響を及ぼし、ひいては国家と国家の外交問題も発露するのである。今盛んに烽を揚げて燎原の火の如く、その勢い、破竹のごとし、根本より徹底的に根絶しようとしてる加州〔カリフォルニア州〕の排日を見るにつけても、吾々は一目瞭然、その予防策を講じなければならないと思う。

私は過日、墨国太平洋岸を旅行し、種々日本人に対する墨国人の感想を識った中で、南墨より北墨に来るに随って熱烈なる親日気分が少しずつ薄らいで行く事を観察した。これは勿論、激烈なる加州の排日の影響と、米人多少のプロパガンダとに依ると思う。けれどもこの面白からざる思想の南下を墨国に居住する吾人は防禦しなければならない。

千里の道堤〔ママ〕も蟻の穴より破壊される。吾々は日々の行為に於て、冷汗を催す様な言語動作を厳禁しなければならない。吾々は誠心誠意墨国人と交際しなければならない。

吾々は日々各自の職業に従事しなければならない。外交などとは思いもよらぬ事だと思う者もあるかも知れぬが、それは大いなる錯誤な考察である。吾々の日々の行為、すなわち個人の生活中に吾人の外交はある。吾々は墨国人と親密に交わり、後指さされ無い様な行動をなすべきである。彼等を何処迄も愛すべきである。それが僅少とは云え国交の親密となるのだ。例えば日英同盟のごとく、利益のみ熟考する英人とは国家と国家とは同盟していても、人民と人民とは同盟しておらぬ。すべてが仮面に過ぎぬのである。

末高兄妹との出会い

ペルーからあこがれのメキシコへやって来た荻田青年にとって、末高政太郎とその妹・玉（戸籍では「多満」となっているが、荻田は「玉」と書いていた）との出会いほど、決定的で宿命的なものはなかった。末高政太郎はロサンゼルスにおける荻田の兄・岩の親友であり、ロサンゼルスにおける日本人社会の土台を築き上げたパイオニアの一人として、一九〇五（明治三十八）年にはすでにロサンゼルスにおいて歯科医を開業していた。技工が上手な上、親切で親分肌の人であったので、「末高さん、末高さんといってたいへんな人気だった」という。特にお金の使い方のきれいなことでは随一であったらしい。

荻田がメキシコに到着した一九二〇（大正九）年には、末高はメキシコ北部のエルモシーヨにおいても歯科治療院を開設していた。当時、その治療院では、飯田実氏（現在、グアダラハラ市在住、長年、同市の日本人会会長を務めていた）などが書生をしていたのである。

一九二三（大正十二）年は、末高にとって運命を決するほどの大事件が続発した年であった。まずその年の四月二十八日に父の末高岩次郎が死亡した。六月九日にはメキシコのチワワ州にある二鉱山（スエタカ鉱山およびハポン・イ・メヒコ鉱山）を所得し、六月十六日にはモクテスマ、サンタマリア、レスレクシオンの三鉱山をおなじチワワ州において購入した。その鉱主が末高で、荻田はセクレタリー、そして鉱山支配人はダビド・カストロであった。これはかれや荻田にとって、生涯における大事業だったものの、不運にもすぐに行き詰まってしまったらしい。

鉱山でひと山あてようなどという危険をともなう話に最初に飛びついたのは、慎重な末高より、むしろ荻田だったのではなかろうか。荻田にはいつも、何か大きなことをしてみたいという夢があったからだ。鉱山の買収に際しては、かれもペルーで稼いだ金を投資したのだろうが、出資金の大半は気前がいい末高が出した。したがって、この事業の失敗は荻田だけでなく、鉱主の末高にとってもたいへんな痛手だったはずである。その上、末高の両親の死（母・タケは一九二三〔大正十二〕年六月二十八日死亡）が続き、さらに九月一日の関東大震災では、横浜にあった末高家までが全滅してしまった。

この末高家について知っている者は末高政太郎の妹・玉であったが、生前、玉はそのことをだれにもくわしく話そうとはしなかった。その上、荻田は自分の兄の書生だったというべきところを、父の書生だったと、故意にすりかえたようないい方をしていた。しかし、玉がそういうことをわたしにいったときはいつも、自分が死んだら、末高家について知る者はだれもいなくなる、とさびしそうな顔をしていたものである。それでもうわさの種になるようなことはいいたくなかったのだろう。

玉の死後、末高家の親戚に当たる人が荻田に末高家の先祖について尋ねたことがあった。左記の文章はそれに関する荻田の返事である。

末高家は代々、甲府で勤番を務めており、弓術で将軍につかえておりました。

家内の母方は伊勢から横浜に出て来て、元来、加藤と名のっていました。家内の叔父さんに伊勢屋治兵衛と云う親分があり、伊勢治の叔父さんと云っていました。この人が今の伊勢佐木町を埋めたてたので、伊勢佐木町と云うのです。お母さんの方は米屋でしたし、叔母さんは倉番業、加藤定吉と云う叔父さんの家内で、のち定吉さんは神戸に行って大きな骨董商をしておりました。

家内の父は明治維新の前、ラッパをフランス軍から習うために甲府から横浜へ出て来て、維新となり、横浜にとどまったままでした。二人兄弟で、兄は甲府に残り、のちに奉還金で一生食べて終わりました。

玉の父・岩次郎はまた、横浜で外人から歯科の技術を学んで開業した日本人初の歯科医でもあったそうである。

玉にとっても一九二二年は、人生でもっとも悲しい年であった。両親の死、実家の崩壊、そして不況。日本に絶望した彼女は祖国を捨てることを考えたのである。翌年四月、メキシコのオブレゴン大統領は大震災で悲惨な状況にある日本に対して、日本移民を歓迎する旨の声明を発表した。それが日本の新聞に載ったが、おそらく玉もそれを読んだことであろう。彼女は兄・政太郎から呼び寄せ状を取り寄せ、メキシコに行く決心をした。一九二四年六月二十六日に旅券が下付されたので、七月中には日本を離れたと思われる。当時、四十歳だった玉は、四十六歳のS・Sと、十五歳の養子Mを同行していた。

玉と恋愛事件を起こす

ところで、玉と荻田が特別な関係になったのは、一九二五（大正十四）年正月、当時、荻田が住んでいたナボホアのホテルにおいてであった。このころになると、荻田は末高や玉の家族が住むエルモシーヨの末高の家（セルダン街五十一番地）から出て、ナボホアに居を構えていた（ヘネラル・オテロ街十四番地）。荻田は歯科医の代診という資格で、この町の患者をみる仕事についていたものと思われる。後年、荻田が玉に送った手紙のなかで、「エルモシーヨ時代もよかったけれども何も知らないお前だった。ナボホア・ホテルで知り初めたのが今でも目の前に浮ぶでしょう。お互いに数奇な運命であった」、と述懐している。しかし二人はすぐ別れるはめになる。二月十一日、場所はエルモシーヨの停車場であった。一九二九（昭和四）年二月十一日付けの手紙で玉は断片的にそのときの気持ちを回顧している。「ご記憶下さるかしら、五年前の今日の日よ、悲しい胸をめぐらしていてか……駅迄お送りして行く馬車の中、百合子をお腹に唯一人淋しく残る心細さ……発車する汽車を見送る心……」。

こうして荻田は北墨のソノラ州から職を求めて南墨のテワンテペックへ行くことになる。しかしその後もナボホアに戻ってきて、二人は会っていたものらしい。一方、玉の夫はメキシコ滞在をあきらめ、妻と子どもを連れて帰国しようとしたが、玉がナボホアの駅でいっしょに汽車に乗らなかったために、そこで永遠の別れとなってしまったようだ。これは飯田氏が当時、ソノラ州に住む人から聞いた話である。

したがって、「結婚された年は不明ですが、熱烈な恋愛で結ばれたようです。サリナクルス港から帰国するはずのタマ夫人は思いとどまり、『鮫のいる海へザンブと飛び込んで、岸にいるわたしの所へ泳いできた』と、ドクトルはよく語っておられました」(高野太郎『チョンタルの詩――メキシコ・インディオ古謡』誠文堂新光社　一九八一年)というのも、また、「メキシコの太平洋岸にあるマンサニーリョの港から、メキシコで開業していた歯科医夫妻が、日本に引き揚げるべく帰国の船上にいた。船が出帆し、桟橋を離れた時、桟橋に向かって海に飛び込んだ日本女性がいた。その女性が、ドクトール・オギタの奥さんだというのだ。鮫のいる海を泳ぎきって、再びメキシコの土を踏み、ドクトール・オギタと結婚した。二人の愛の物語を知った時、これがもし、本当だとしたら大変なドラマだと思った」(中林淳真『誰も書かなかったメキシコ』サンケイ出版　一九八〇年)というのも、熱烈な恋愛に関しては事実だが、その他は残念ながらほんとうのことではなかろう。

第一、玉が泳げるとは思えないし、「鮫のいる海へザンブ」という件《くだ》りは、メキシコ人的になった荻田ならではの創作といわざるをえない。それに玉の夫は歯科医ではなかったようだ、と飯田氏も語っていた。

その後、一人ぼっちになった玉はエルモシーヨを離れ、メキシコ市に出て来た。そしてテワンテペックで働きだした荻田をよんで、二人は一九二五年十二月七日から、メキシコ市の中心部にある二月五日街二十五番地の三階に住みはじめたのである。二人のあいだには百合子と名づけた女の子ができたが、すぐ死んでしまったらしい。傷心の玉は一九二六年二月四日、マンサニーヨ港から単身、安洋丸に乗って帰国してしまい、荻田はまたテワンテペックに戻っていった。

荻田は一九二七年九月メキシコを発ち、懐かしの日本へ十年ぶりに戻ったが、喜んで迎えてくれたのは玉だけであった。玉にとって、十月十三日に船上で再会したときのうれしさは生涯忘れ得ぬものであったらしい。それから二人で過ごした熱海の温泉宿、暮れの寒いなかをよく歩きまわった新宿、あるいは正月に山谷で食べた雑煮、浅草で見た安来節などと、夢のような三カ月間を過ごしたのである。しかし親にしてみれば、会ってうれしかったとはいうものの、金をためて戻ったわけでもなく、しかも年上の女性と温泉などに行って遊んでいる息子に落胆したことであろう。政之助は一九二八年一月六日、両親に別れも告げず、玉に送られて横浜の港からさびしく去ったのである。これが荻田にとって日本との最後の別れともなった。

荻田の再出発となる日

同年二月八日、荻田はふたたびマンサニーヨへ戻って来た。荻田はこの日を自分のあらたな人生の門出として、以後、それ以前の自分について語ることはほとんどなかった。

テワンテペックへは一応、様子をみに行ったのであるが、大歓迎され、そこでふたたび歯医者として働くことになる。しかも幸い、「此処にいた歯科医も今は他所へ行ったし、且つ又、沢山の患者がわたしの帰るのを待っていたので」(一九二八年八月十八日付け書信)、テワンテペックに定着することができた。

テワンテペックの中心部にある荻田の歯科治療院だった建物。現在は州政府の事務所として使用されている。鉄道の線路脇にあるかれが住んでいた建物は、居酒屋になっていた

太平洋と大西洋を結ぶテワンテペック地峡は、パナマ地峡に次ぐ国際的重要性をもつ地帯だと考えられていた。そこでサリナ・クルス港からテワンテペックを経由して、コアツァコアルコス港（プエルト・メヒコともよばれた）に至る鉄道が一九〇七（明治四十）年に、英国人の手によって開通した。このころから石油や貿易面での将来性、あるいは伝統的で色彩ゆたかなこの地の風俗にあこがれて、米国人、フランス人など、さまざまな外国人がテワンテペックに集まり、この田舎町の知識階級を形成するようになった。テワンテペックの社交界とは、こうした知識人や町の役人などから成っていたものらしい。その社交界の仲間になったことを知らせる手紙も残っている。

私は今《（ママ）》此処の町で州知事の命令によって教育費と、此処からオアハカ州の首府迄の

自動車の道約七十里（日本の里数にて）を造るため、此の町で一流の人十五名余りにて会が出来、その評議員になっておりますので、いそがしい事目をまわす様です。それでも日本人で、こうして活動しておりますと、尊敬もして呉れますし、国家のためだとも思います。（一九二九年六月二十八日付け書信）

荻田からの呼び寄せ証明書は九月二十六日に届いた。しかし玉が出発するまでにはいろいろと手間どり、一九三〇（昭和五）年六月十二日出航の安洋丸でやっと横浜を発てたのである。

七月十一日に玉を乗せた船はマンサニーヨに到着した。こうして荻田と玉は名実ともに夫婦となったが、生活する場所は、玉がメキシコ市、荻田がテワンテペックとまた別べつであった。そしてときどき、荻田がメキシコ市へやってくるという形をとったのである。

その後玉はウルグアイ街の家で、長山商会の道出光夫氏や加藤秀雄氏など独身の日本人社員相手に昼食をつくってやって、それで生計を立てるようになった。世話好きな玉なので、それは評判がよかった。一九三四（昭和九）年にはニューヨークで大活躍していた舞踊家の伊藤道郎、一九三七年には映画スターとして名声をはせた鈴木伝明といった有名人もずいぶん世話になったようである。ところで玉の望みはただひとつ、荻田を「村で一番尊い人」にすることにあった。

テワンテペックでの生活

テワンテペックでの生活が安定してくると、荻田は古代における日墨関係を解明するという壮大な夢を実現しようとした。先スペイン期の遺物のコレクションと、テワンテペックの近くに住むチョンタル族の古謡の採集をはじめた。

また荻田は、他の日系人には出会えないような巨匠や有名人ときわめて懇意にしていた。メキシコを代表する画家ディエゴ・リベラや、「メキシコ万歳！」を撮影しにテワンテペックへやって来たソ連の映画監督セルゲイ・エイゼンシュテインとのつきあいは、荻田の口から何回も聞いたことがあるが、ティナ・モドッティとの交際は、わたしも知らなかった。ティナという人物は「優れた写真家であり、芸術家や革命家たちの熱烈な同志であり、人間の大義のための闘士であり、スペインで子供たちや負傷者に救いの手を差しのべた『マリーア』であり、そして類い稀れなる官能性を湛えた美しい女性であった」(ミルドレッド・コンスタンチン著、グループ・LAF訳『ティナ・モドッティ』現代企画室 一九八五年)。

彼女はイタリア人で、若くしてアメリカへ行き、一九二八、二九年にはメキシコでキューバの革命家フリオ・アントニオ・メリャと同棲していた。かれは一九二三年にハバナで第一回全国学生会議を主宰し、また大学自治を要求したり、キューバ独立の英雄ホセ・マルティの名をつけた人民大学を設立したが、一九二五年、ヘラルド・マチャード独裁政権下で弾圧され、メキシコへ亡命した。メキシコにおいてもかれは若きヒーローであったが、一九二九年一月、マチャードの手下に暗殺された。そして一九三〇年二月五日、パスクアル・オルティス・ルビオがメキシコ大統領の座に就くその就任式のあと、大統領めがけて銃声がとどろいた。狙撃は失敗したが、ティナはその大統領暗殺計画に共謀したとでっち上げられて、逮捕されたのである。そして国外退去を命じられ、ベラクルス港から船でヨーロッパへと向かった。その後一九三九年にメキシコへ戻って来たが、一九四二年一月、彼女は心臓麻痺で死去してしまった。

荻田もティナについて、「友人として持つには、女として彼女より以上を望む事は出来なかった。何故なら頭のいい上に、その心持もやさしく、又愛嬌にみちていた」（一九三〇年二月十三日の日記）と記している。一九三一（昭和六）年二月、セルゲイ・エイゼンシュテインは映画「メキシコ万歳！」の撮影のために、テワンテペックをおとずれた。荻田はそのことを、同年二月二十日付けの玉あての手紙で伝えている。

……お前に何時か話したロシアの名監督が今此処へ来て居ります。二人の世界的な監督のうち写真のエイセンスタイン（エイゼンシュテイン）が世界一の定評があります。ダグラス・フェーヤバンクが交渉したが政府が邪魔して、どうも思う様にならんらしいです。面白い人です。手相を見ると金には恵まれては居りませんが。

荻田はエイゼンシュテインと懇意になり、写真の撮り方はエイゼンシュテインから学び、構図はディエゴ・リベラから教わったというのが、自慢の種のひとつであった。

戦時中のメキシコと在留民

一九四一（昭和十六）年十二月八日の日米開戦で、メキシコも一九四〇年のキューバでの米州外相会議の決議、つまり米大陸が外国から攻撃を受けた場合は自国の主権が侵されたと解釈するという条項により、日本と国交を断絶した。しかしその時点では、キューバやパナマのように宣戦布告はしなかった。ともかく、日本人の銀行預金は凍結され、夜間の移動と十人以上の集会が禁じられたが、国民が親日的なので、不安は大きかったものの、日常生活にはほとんど支障がなかったらしい。それは翌年五月二十八日、メキシコが枢軸国に対して宣戦布告したのちも変わらなかったそうである。ただ、国境や海岸線から五十キロ以内に住む者は、そこからの立ち退きを命じられた。したがって海岸に近いテワンテペックに住む荻田のところへも、一九四二年五月末、オアハカ市に集結すべしとの文書が届いた。荻田はただちにオアハカ市へはせ参じ、そこでメキシコ市行きを申請して首府に移り、以後、玉といっしょにウルグアイ街七十五番地に住むようになる。

そこで荻田は歯科治療院を再開した。戦時中、日本との貿易が禁じられたので、日本商社の駐在員などは帰国してしまい、玉がやっていた食堂の客もすくなくなったので、わりと早く歯科治療院をはじめたのではなかろうか。玉の知り合いの在留民や荻田の友人のテワンテペック出身者の口コミで、その開設は知られていったのだろう。荻田家の一階はドアを開けるとすぐ食堂兼客間なので、治療室は二階の一室を使用した。といっても、そこには電動ではなく、足でまわす旧式な治療機械が一台置かれているだけであった。そのほか二階には、荻田と玉の個室が二部屋、それに客室（わたしはここに泊まっていた）と便所兼浴室があった。患者たちは中庭に面した廊下に並べられた椅子に座って、気長に順番を待ったものである。

敗戦と「勝った組」の出現

戦時中、荻田は収容所生活で苦労することもなく、ウルグアイ街の家の奥まった部屋で、妻や気心の知れた連中と戦争の行方に一喜一憂したり、またはこうした在留同胞の動きをアウトサイダーとしてながめていたわけである。天皇崇拝者の荻田はかたくなに日本の勝利を信じていた。したがって増島伊豫子氏（旧姓・渡辺。そのころは独身で、戦後、荻田夫妻の仲人で結婚した）が、敗戦の一カ月も前に、「日本人は傲慢だから敗けるよ」といったときは、荻田をはじめ、荻田家にいた人たちがみなたいへん怒ったという。彼女は日本の敗戦について、透視能力のある甥が、「アメリカの飛行機が最後に大きな爆弾を落として終わりとなる」と話したことを伝えたのだそうだが、八月十五日を迎えると、荻田は「伊豫子が言ったようになったぜ、神様は間違わない」といって、すなおに敗戦を認めたという。しかしそのうちメキシコでも、日本が敗けるはずがないという共同幻想にとりつかれた「勝った組」（メキシコでは「勝ち組」といわず、このようによんだ）が出現して、「勝った、勝った」と騒ぎはじめた。

しかし、「勝った組」による敗戦受け入れ側に対する脅迫や嫌がらせも、ブラジルの日系人社会での勝ち組のように、実際の殺害事件にまで発展しなかったのは不幸中の幸いというべきなのだろうか。

ノパル社と同好の集い

在留民の間の緊張もほぐれてきた一九四六年秋、荻田は、当舎勝次（寧楽男《ならお》、画家、のちに『週刊日墨』

社長）、松尾神一（狂山人、中央学園長、『日墨新聞』社長）、巻田扇二（鳥羽二、日系人会書記長）、山口博（白二、コントレラス学園長）など、詩や歌の同好の士と「ノパル（サボテン）社」という会を結成した。

ノパル社の活動は数年しかつづかなかった。荻田の関心はつぎに写真に移って行き、一九四八年三月、松尾と写真同好会をつくった。それには道出光夫なども加わった。メンバーの写真の技術はかなりなもので、たがいに自分の腕を自慢しあい、時には写真展を開くこともあった。また荻田は、自分で撮った写真を使った手製の年賀状をつくって友人たちに送っていた。しかし久保田貫一郎大使がメキシコへ着任すると、ふたたび歌の会が催されるようになる。あらたな会については、「あかね」のペンネームで知られる春日光子夫人が『新日墨』（一九七七年十一月十五日）紙上に「天国の句歌の集い」という題で随筆を書いているので紹介しておこう。

食卓ではいつも光郎〔荻田の筆名〕さんが中心になり、オアハカの話をなさいました。時間も距離も超越して、どこまでが本当か分らない様な話でも氏独特の話術に皆が聞きほれました。

古事記の本物はオアハカにあること、万葉集もこちらに保存されていて、その村の人々は現在も万葉の言葉を使っていること、義経のお墓のあること、義経の一行と共に渡った秋田犬の子孫が、今たった一匹だけ生存していることなど話題はつきませんでした。

食後再びサラ〔広間〕に戻り、無記名の作品を松尾さんが声高く読み上げました。現在では一読して誰の作品かということは想像がつきますが、その当時は全然分りませんでした。ある時、故東雲さんがいわく、「誠に誠にこんな幼稚な作品は感心できません。やっと幼稚園級ですね」と云いました。後で作者発表の時、大使の作品と分りました時、ヒヤヒヤしたものです。

しかし大使はいつもニコニコとパイプをくわえて座しておられ、外交辞令一つ使うこともなく、勝手きままのことを平気でずけずけ云う連中の中におられるのが、とても楽しいご様子でした。

久保田大使を中心に、歌の会の人たちが最初の一年間に発表した作品は、一九五五（昭和三十）年八月、『同好の集い』というタイトルで出版されている。

賑やかな荻田家の祭壇

荻田は明治生まれの典型的な人間として、熱烈な天皇崇拝者であり、愛国者であった。しかしこのことはかれが右翼だというようなことを意味するものではない。外国で生活する孤独なかれのよりどころが、懐かしい家族や故郷だったということであり、天皇や日本はその延長線上に存在するものだといえよう。確固たる自己のアイデンティティをもつことが海外で暮らすためには必要であるし、しかも外国では日本的特徴が純粋な形で出やすい。この意味において、日系社会は日本文化を映す鏡なのである。

ただ、荻田の宗教が何であったかを一言でいうのはなかなか難しい。弟・謙三の未亡人すえさんの話では、先祖は神主であったということであるから、基本的には神道といってよかろう。しかし、テワンテペックでは、フリーメーソンのメンバーになっていたし、メキシコ市に出てきてからは、毎年、元日にはグアダルーペの聖母（メキシコの守護者）の教会（ビーヤ）でお参りしていた。移民手帳にも、宗教欄に「カトリック」と記載しているし、マリオというカトリック名をもっていた。玉は日蓮宗の信者だったが、彼女にもマリア・ルイサという立派な名前がついていた。けれども移民の名にカトリック名がついているからといって、かれらが洗礼を受けているかどうかはわからない。現地の人間に名前を覚えてもらうための便宜上、愛称としてつけることも多いからである。このほか、荻田は中国の九星術やメキシコ先住民のブルヘリア〈呪術〉にも凝っていた。

荻田の部屋の小さな祭壇には、明治天皇の写真、明治神宮のお札、グアダルーペの聖母像、カトリックの聖人像、それにぼやで焼いてしまったため、荻田が紙に書いた「先祖様代々乃霊位」がいっしょに立てかけられていた。そして一九七五年八月三日の誕生日の日記にあるように、かれはいつも「神に感謝し、先祖様、父母兄弟に感謝し、最後に明治大帝に感謝し、サン・ペードロ〈聖ペトロ〉、サン・パブロ〈聖パウロ〉様方々にそれぞれ灯明を捧げ、家内と共に朝のお茶を飲む」のであった。ただし、妻の玉は一九七〇年に死去しているので、これは玉の霊といっしょにお茶を飲んでいたことになる。

ともかく、こうした宗教における混淆ぶりは、海外の日本人を知る上で興味深い。本来のカトリック信者からすれば、他の宗教は邪教になろうが、八百万《やおよろず》の神を信ずる日本人である荻田には、どの宗教に対しても邪教という考えはない。それゆえ、世話になっているメキシコの宗教を受け入れることは、かれにとってむしろ当然なことなのであろう。

学者・芸術家のたまり場

第二次世界大戦後、おおくの日本人がメキシコへ目を向けるきっかけとなったのは、一九五五年に上野の国立博物館で開催された「メキシコ美術展」だったといえよう。当時、高校生だったわたしもそうで、あのとき受けた新鮮な印象は、いまでも忘れられない。

その美術展の実行委員のなかにつぎのような人がいた。その一人、東京大学の石田英一郎教授(当時)は、一九五三年にメキシコをおとずれて、古代文明、特にアステカの母子神信仰関係の資料を集めていた。もう一人、福沢一郎画伯は、ヨーロッパからブラジルへ飛び、そこから一九五四年にメキシコへやって来て、メキシコ画壇と接触したりした。

この二人は、戦後、荻田が知り合った最初の日本人学者と芸術家であったといえよう。一方、「メキシコ美術展」以降、さまざまな人がメキシコにあこがれてこの国をおとずれるようになる。そうした人びとのおおくが荻田家をたずねては、声高に話す荻田の冗談まじりの話のなかからメキシコの魅力について教わり、また独特の迷宮の世界に引きずり込まれて、荻田についての忘れ得ぬ思い出をもったのである。特に、若者たち——わたしばかりでなく、竹田鎮三郎氏や児島英雄氏、それに共同通信社の伊高浩昭氏など——は荻田から人生の生き方についても学んだ。わたしは荻田のメキシコ、特にその先住民文化に捧げた愛と情熱に強い感銘を受けたし、竹田は、荻田のようにオアハカの先住民の世界にはいって現在もそこで絵の制作にいそしんでおり、児島はグアテマラで民族衣装の収集やマヤ

〈上〉1957年９月、三島由紀夫を囲んで。前列中央が三島、その右が久保田貫一郎大使、後列中央が荻田。三島はこの旅行でメキシコ市のほか、ユカタン半島のマヤ遺跡などをたずねている

〈下〉コスモスの野原に立つ玉。コスモスはメキシコ原産であるが、日系１世にとっても懐かしい花なので、友人や家族とともに、コスモスの花見に出かけたりしていたものである

遺跡の保存に貢献している。また伊高は、「明治生まれの荻田さんは天皇を絶対的価値として崇めていたが、わたしは氏のそうした聖域に立ち入ることなく、他の思想や価値の無限の領域で自由に氏と意見を交わし、氏から測り知れないほどの薫陶を得た」、と述べている。

一九五〇年代後半から一九七〇年代初頭にかけてが荻田の絶頂期で、荻田家はいつも日本からの訪問客で賑わっていた。この意味でかれがメキシコ紹介に果たした役割りはきわめて大きい。作家の三島由紀夫も荻田の話を聞いている。三島は一九五七（昭和三十二）年の二度目の外遊のとき、メキシコに立ち寄ったが、メキシコ市はちょうど九月十六日の独立記念日で賑わっていた。ユカタン半島のマヤ遺跡見物にも行き、そこで三島は、「農耕文化の奥底に横たはる古代神話の血なまぐさいいやらしさ、その言語に絶した暗鬱さが頭から離れなくなった」（『裸體と衣裳――日記』新潮社 一九五九年）のである。

一人ぼっちになった晩年

荻田玉が亡くなったのは一九七〇（昭和四十五）年三月十日であった。わたしは荻田からの手紙でその死を知った。

高山君、家内が他界しました。それを通知するためにペンをとった次第です。三月十日の朝七時四十五分、絶命。胸のタンが一杯で息も苦しく、酸素吸入、スエロ（血清）等々、大変でしたが、今は安らかに天国に行っていると、私は確信しております。寝棺のガラスを通して見る家内は、シワも何も無くなって、素晴らしい白い美人になり、大勢の友人が讃嘆しておりました。私も不思議な現象に今更ながら見惚れた事です。御存知の通り一人ぼっちで暮してますが、土曜日はグローリアが親子で来て泊って呉れますし、誰かが訪問して下さるので、その時丈は話にまぎれて、侘しさもうすらぎますが、真夜《(ママ)》のシジマの淋しさは一汐です。

四十四年間にわたる波瀾万丈の夫婦生活は、ここで幕切れとなった。特に最後の十六年と五カ月七日間（一九五四年に玉が倒れてから亡くなるまでの日数を荻田が計算したもの）は、荻田が半身不随となった玉の世話を懸命にしていた。玉も「みなに面倒をかけてはすまないから」といって、一切外出したがらなかった。そして日課といえば、パティオに陽がさしこむ間、日向ぼっこすることと、自分の部屋で日本の雑誌を読むこと、それに訪問客と話すことだけであった。

　わたしはこの右手右足が不自由な玉からほんとうの子どものように可愛がられたものだが、あるとき、「あたしは美空ひばりの歌が好きだよ」といわれて、びっくりしたことがある。それ以外の日本のことといえば、関東大震災前のことがおおく、いかにも生きた大正時代がそこにあると感じていたからである。またその歯切れのよい横浜弁がなんとも魅力的であった。体は不自由でも口はきわめて達者で、よく夫婦喧嘩もしていた。ときどきは両人ともストレスがたまったのであろう。

　その玉の死後、荻田家からだんだん賑わいが消えていった。そして荻田の態度にも、玉という巨大な心のささえを失ったせいか、表面的には元気であったが、かつてのような若々しさがなくなり、話もやたらと空想的になっていったのである。

孤独な日々と錦衣帰郷の夢。しかし他方では、メキシコを心から愛していた。それだからこそ、「古里に家あれども　五十年メキシコに慣れ　帰る気もなし」、という句を残したのであろう。この句が書かれた紙切れは、死後、荻田の部屋の机、あるいはベッドの上で発見されたという話だ。

ドクトル・マリオ・オギタこと、荻田政之助は、一九七六（昭和五十一）年一月十一日、心筋硬塞で忽然とこの世を去った。享年七十七歳であった。

オクタビオ・パス氏の思い出

二〇〇二年は、オクタビオ・パス氏（一九一四〜一九九八年）が第二次世界大戦後初の外交官として、メキシコ大使館を開設するために来日してから、五十年目に当たる。なお、パス氏と懇意だった林屋永吉氏が外交官としてメキシコに赴任したのも、おなじ五十年前の一九五二（昭和二十七）年であった。日本が戦後、国際社会へいち早く復帰できた原因のひとつに、メキシコの努力があったことが知られている。それは一九四八年、パリで開催された国連総会の政治委員会の場で、メキシコ代表が日本の国際社会への復帰をよびかけてくれたからである。それを米国が支持したことがきっかけとなって、一九五一年、対日講和条約がサンフランシスコで調印された。そしてその翌年、日本とメキシコは中断していた国交を再開した。両氏はそれにともなっての派遣というわけである。

私とパス氏との出会い

わたしは一九六〇（昭和三十五）年、メキシコ市にあるイベロアメリカ大学の人類学部の第一期生として留学した。翌年、メキシコ古代史の権威であるウイグベルト・ヒメネス・モレノ教授による「メキシコ文化の起源と特徴」という講議で、メキシコを知るための最良の本として紹介されたのが、オクタビオ・パス著『孤独の迷宮』であった。これがパス氏の名を知った最初であり、同書はそれ以後長いあいだ、わたしの座右の書となった。

一九七一年にも、わたしは日墨（メキシコの漢字表記は墨西哥）研修生・学生等交流計画の第一期生として、メキシコへ留学した。その際、図らずもあこがれのパス氏と対面する機会を得たのである。

それにはまず、フェルナンド・ガンボア氏との出会いがあった。一九七〇年に大阪府で開催された日本万国博覧会でメキシコ館を担当したガンボア氏とは、別のメキシコ展を開催する企画で知り合いとなっていたが、かれのお宅をたずねたとき、展覧会以外にも日墨間の人物交流を進めようという話が出た。何人かの候補者のなかで、ガンボア氏が最初におこないたい人物交流が、オクタビオ・パス氏を日本へ派遣し、そして川端康成氏をメキシコへ招聘して、講演会を開くという案であった。一九六八年のノーベル文学賞の本命は、パス氏だとうわさされていたが、結果は川端氏が受賞した。ガンボア氏にとっては、このときのことが念頭にあったにちがいない。

一九六八年といえば、一党独裁といわれた政府与党(PRI)の民主的改革を願う学生たちが、メキシコ・オリンピックの開催を盾にとって、反政府デモをおこなったことに対して、政府が弾圧した年として記憶されている。当時、駐インド大使であったパス氏は、それに抗議するため、大使を辞任してしまった。したがってその後のパス氏は、ケンブリッジやハーバードといった大学で教壇に立ったりしたものの、比較的暇な時期にあったといえよう。

一九七一年八月二十三日、メキシコ市の旧市街にあるコレヒオ・ナショナルでおこなわれたパス氏の講演会に、わたしはガンボア氏とともに出かけた。そのあと、エヘルシト・ナショナル通りにあるホセ・バスコンセロスの未亡人宅で開かれた、パス氏のためのパーティにも出席した。この集まりにはマリ・ジョセという名のフランス生まれの若くて美しいパス夫人、それに若手作家の第一人者カルロス・フエンテス、小田実の『なんでもみてやろう』に出てくる文芸評論家のラモン・ヒラウといった著名人が顔をそろえていた。

パス氏の訪日の件についてはじめて相談したのはこの席においてであった。このとき、わたしにとって印象的だったのは、この集まりがホセ・バスコンセロスの未亡人宅でおこなわれたという事実である。バスコンセロスは、メキシコ革命後の最初の文部大臣として、壁画運動の推進などナショナルな「メキシコ文化」の創造に尽力し、また一九二九年の大学改革運動にも、すくなからず影響を与えた人物である。つまり、かれの未亡人宅でのパーティは、インターナショナルな作家として知られるパスやフエンテスも、バスコンセロスからはじまる「メキシコ文化」の伝統を受け継ぐ者だ、ということを示していたからである。

八月二十八日にも、わたしはパス夫妻とガンボア氏宅で会い、日本行きについての具体的な話をおこなった。パス氏の希望は、一九七四年四月に訪日し、(1)「ラテンアメリカ文学」、(2)「日本の詩歌のスペイン語圏に及ぼした影響」、(3)「詩と現代世界」といったテーマで講演すること、できたらそれまでに、『孤独の迷宮』と『ポスダタ（後記）』の日本語訳を一冊にまとめて出版してくれないか、というものであった。

翌年一月、わたしは鎌倉の川端康成氏宅に電話して、夫人に用件を伝えた。夫人のお話から、川端康成氏もたいへん乗り気だという印象を得ていた。だが同年四月、氏がガス自殺したと報じられたのである。このためパス氏と川端氏による人物交流の話は、自然消滅してしまった。

パス夫妻の日本訪問

一九八二年、わたしと熊谷明子氏との共訳で、『孤独の迷宮』が法政大学出版局から上梓された。そこでわたしはもう一度、パス氏を日本へ招聘する計画を実行したいと考えた。そのころ、日本とメキシコの文化交流協会をつくろうという話が起こり、わたしもその会合に参加していた。あるときその会合で、パス氏が日本行きを望んでいるという、確か当時、駐スペイン大使だった林屋氏からの手紙が披露された。その協会自体は日の目を見ずに終わったため、わたしは熊谷氏と話して、国際交流基金に招聘をお願いしてみることにした。国際交流基金の林健太郎理事長をはじめ、担当者と会見して協議した結果、パス氏ほどの偉大な人物ならまったく問題ないだろう、という内諾を得たのである。

わたしは、パス氏にはじめてお会いしてからちょうど十二年目に当たる一九八三年八月二十三日、この件について話すために、メキシコ市のレフォルマ通りにあったパス氏のマンションをたずねた。氏の希望は、訪日の日程を来年の春か秋にしたいが、その決定は九月までにおこなうというものであった。

九月二十八日、メキシコへやってきた熊谷氏とともに、ふたたびパス氏宅をたずねた。氏は一九八四年秋に訪日し、その後、インドへ行く予定だと語った。そこでわたしたちはパス氏に、日本大使館へ行って、国際交流基金宛てに招聘のための申請書を提出してほしい、とお願いしたのである。

一九八四年四月九日、国際交流基金からわたし宛てに、パス氏を「特別客員招聘」としてよぶこと

オクタビオ・パス氏とわたし。1983年9月28日、パス夫妻の訪日を実現するために、メキシコ市にあるパス氏の私邸を熊谷明子氏といっしょに訪問した

に決定したとの連絡があった。

こうしてパス夫妻は、この年十月二十一日、日航機で成田に到着した。滞在中、事前にはなかったさまざまな行事がはいり、パス氏はそれをこなさなければならず、多忙をきわめたが、夫人は日本の秋をある程度満喫したにちがいない。上智大学では「収斂の文学」というテーマで、ラテンアメリカ文学の特質について講演をおこなった。その際の質問に対する氏の応答ぶりは、会場に詰めかけた多数の聴衆に、大きな感銘を与えたものである。

十一月六日、見送りのため、わたしはパス夫妻が宿泊している赤坂プリンスホテルへ行った。そこでパス氏から「もう一度日本に来たい」といわれたが、わたしは言葉足らずにも、「難しい」といってしまった。その意味は、国際交流基金の「特別客員招聘」で二度来るのは難しいという意味だった。それは、特別客員招聘というのが、年に一、二名にだけ与えられる文字どおり特別の招聘で、滞在期限に制限がなく、しかも夫婦同伴で、最高級の接待が受けられる、というものだったからである。しかしわたしの一言は、氏の再度の来日に対して否定的だととられたかもしれない。

カルロス・フエンテスが「スペイン語のすぐれた刷新者、偉大な詩人、そして世界的な評論家」と評していたパス氏は、一九九〇年、ついにノーベル文学賞に輝いた。

だが、再度の訪日という氏の夢は叶えられなかった。それはわたしにとっても、きわめて残念なことだったのである。

『孤独の迷宮』における思索

メキシコ的なものの探求と創造は、一九一〇年のメキシコ革命以降、哲学者や芸術家の共通の目標であった。一九五〇年に出版されたパスの著書『孤独の迷宮』は、その到達した頂点のひとつであり、しかもこの評論集は、メキシコ人を世界と結びつけるという知的な架け橋の役割りも果たしたのである。メキシコ文化に関するパスの思索をその著作から紹介してみよう。

パチュコとその他の末端

広島、長崎に原爆が投下されたことで第二次世界大戦は終結したが、原爆は、今後、大規模な戦争は人類の破滅にまで追いやる可能性があることを示唆した。パスはこうしたあらたな状況を前にして、一九一〇年のメキシコ革命以後のメキシコが国策として推進してきた民族主義的な国家づくりからの脱却、つまりナショナルなものからインターナショナルなものへの移行をいち早く促すために本書を執筆した。

しかしその前提として、かれなりにメキシコ文化の独自性について描写しておく必要があった。それは、メキシコが単なる西洋文化の一部分ではなく、欧米とはことなる文化的・人種的背景をもつものであることを再認識してもらうためである。メキシコにはさまざまな形で古代からの文化遺産が残っている。たとえばメキシコ市にある国立人類学博物館へ行けば、そのメシカ（つまりアステカ）室に、かつていけにえの血を捧げたであろう怪奇な姿をした神がみの石像が立ち並び、みる者を圧倒する。メキシコ盆地に位置するメキシコ市はアステカ帝国の都テノチティトランの瓦礫の上に建てられており、表面上は西洋的な都市景観だが、その地下には、いまもアステカ時代の遺物が埋もれている。そのうえ、一千万人を越すメキシコ先住民のうち二十人に一人が、現在メキシコ市に住んでいる。世界最大の都市といわれるメキシコ市は、近代的な部分とは別に、先住民的なものも感知しうる場所なのである。

またメキシコの歴史の大筋は、つぎのようになる。

一五二一年のスペイン人によるアステカ帝国征服と三百年にわたる植民地支配。そして一八二一年に達成したスペインからの独立。しかしその後の政治や経済の混乱で、一時期、メキシコにはフランスのナポレオン三世の傀儡といわれるマキシミリアン大公による帝政がしかれた。さらに十九世紀末から二十世紀初頭にかけて上流階級のあいだでフランス的なものが流行した。メキシコ革命以後も、支配階級は相変わらず白人であり、スペイン的な文化を誇りにする者たちもすくなくなかった。他方、一部の知識人やメスティソ（スペイン人と先住民の混血）は、アステカ的な装飾や先住民の民族衣装をメキシコ文化として復活させようと試みたりした。また第二次世界大戦前後には、アメリカに出稼ぎに行く者がふえたが、アメリカナイズされて帰ってきたので、かれらを「ポチョ」（アメリカかぶれ）とよんだものである。

人はどこにいてもひとりである。しかしいまだに貪欲な神がみが住む高原の石の大いなる夜の下でのメキシコ人の孤独は、機械と同胞意識と道徳律の抽象的な世界にさ迷う米国人のそれとはことなっている。メキシコ盆地においては、人は天地のあいだにぶらさがっているものと感じ、対立する権力や勢力、石化した目、むさぼり喰う口との間でゆれ動いている。事実、これがわれわれを取り巻く世界であり、それ自体で存在し、固有の生を有している。しかも米国におけるごとく、人によってつくりだされたものではない。メキシコ人は、創造的であると同時に破壊的であり、「母」であるとともに「墓」である、そうした現実の胎内から飛びだしたと感じている。かれは、生をあらわすそれらすべての力に、自分を結びつける名称や言葉を忘れ去っている。そこでかれは叫んだり沈黙したり、切りつけたり祈ったりするか、あるいは突如、百年の眠りについてしまうのである。

メキシコ史は、その系譜、その起源を求める人間の歴史である。つぎつぎと、フランス化、スペイン主義、土着主義、「ポチョ」の影響を受け、それが、時としてきらめくひすいの彗星のように、歴史を横切っていく。その偏心的な軌道のなかに、かれは何を追い求めるのか。かれはその大変動の彼方へいく。すなわちふたたび太陽となり、いつか――それは「征服」か「独立」の際に――、引き離されてしまった生の中心に戻りたいのである。われわれの孤独は、宗教的感情とおなじ根をもっている。それは一種の孤児、われわれは「すべて」から引き離されたというぼんやりした意識であり、そして熱烈な探索なのである。つまり遁走と復帰、われわれを創造において結びつけていた絆を回復するための試みである。

メキシコの仮面

日本人には、メキシコ人といえば陽気で情熱的、というイメージがあろうが、実際に住んでみると、もっと複雑であり、パスがいうような自閉的なメキシコ人像がかなり正しいように思われる。わたしはメキシコへ行ったばかりのころ、人にものを尋ねたり、頼んだりしたとき、いつも気持ちよく「シー」(はい)と答えてくれるので、それを単純に信じたり、待ったりしたものだが、期待どおりにいかなかったり、埒があかなかったりして困った経験が何度もあった。

かれらにしてみれば、「ノー」と冷たく断わるのも悪いので、善意のつもりでいっているのだろうと考え直して、やっと気が楽になったことがあった。ただしこれは、何かとアメリカ化されてきている現在よりも、メキシコのことを「アスタ・マニャーナ(また明日)の国」といっていた時代のことかもしれないが。

老人や若者、クリオーリョやメスティソ、将軍、労働者や学士、つまりメキシコ人というものは、己のなかに閉じこもり、身を守る存在のように思われる。その顔が仮面であり、微笑が仮面である。その気難しい孤独のなかに追いやられ、とげとげしくも丁重なかれにとって、沈黙や言葉、礼儀や軽蔑、皮肉や忍従、そのすべてが自衛のために役立つ。かれは己の内心だけでなく、他人の心のなかも気がかりなので、あえて隣人をみつめようとはしない。なぜなら一瞥が、その充電された魂の怒りを爆発させることにもなりかねないからである。

かれは生皮を剥がされた者のように、人生を生きて行く。言葉や言葉への疑惑などすべてがかれを傷つけるかもしれない。かれの言葉遣いは、言外の意味、言葉のあやとかほのめかし、中途半端な言い方にみちている。その沈黙には襞、色調、大きな雲、突然の虹、解読できない脅迫がある。かれは口論の時でさえ、侮辱よりもベールをかぶった表現のほうを好む。「よき理解者にはわずかな言葉で足りる」。つまり、現実とかれの人格のあいだには、無感覚と疎遠の、目にみえないと同時に突き破れぬ壁が設けられている。メキシコ人は常に離れた所にいる。世界からも他の人びとからも離れている。また自分からも離れているのである。

諸聖人、死者の日

イエス・キリストを身ごもったマリアがヨセフとともに宿を捜し求めて歩いたことを偲んで、クリスマスの前九日間におこなわれる祭りのことをポサーダという。メキシコではこの時期がいちばん楽しい。わたしは一九六〇年ころ、メキシコ市にあるサン・カルロス美術学校の学生たちがおこなったポサーダに、日系二世の画家ルイス・ニシザワ氏に連れて行ってもらったことがある。それは仮装ダンスパーティであったが、あのときのメキシコならではの色彩と喧騒が入りまじった光景にすっかり陶酔させられた。それは一生わたしの脳裏から消えることはないだろう。

わたしはサボテンをみると、メキシコ人、特に先住民を思いだす。外観は荒々しいが、内部にはゆたかな水を湛えている。パスはメキシコ人を自閉的存在というが、その内実は心ゆたかな人がおおい

哀れなメキシコ人にとって、困窮と悲惨さを償ってくれる、年に二、三度の祭りがなくて、どうして生きて行けるであろうか。祭りはわれわれの唯一の贅沢である。それは観劇や「休暇」、アングロ・サクソンの「週末」や「カクテル・パーティ」、ブルジョア階級のレセプション、そして地中海人のコーヒーに取って代わるもの、ないしはそれ以上のものである。

国、地方、同業組合、あるいは家族の別はあっても、そうした儀式においてメキシコ人は外部へ向かって自分を開く。そのようなものすべてが、メキシコ人に対して己をさらけださせ、神、祖国、友人あるいは親戚と対話する機会を与えてくれる。これらの日々のあいだ、静かな

メキシコ人が口笛を吹き、叫び、唄い、爆竹を鳴らして、ピストルを空に乱射する。かれらは自分の魂を発射するのだ。その叫びはわれわれの大好きな打ち上げ花火のように天まで昇り、緑、赤、青、白の火花となって破裂し、金色の尾をひいて、あっという間に落下する。その夜、何ヵ月ものあいだ、なおざりな言葉しか交わさなかった友人たちが、いっしょに酔い、打ち明け話をし、共通の悩みに泣き、互いに兄弟であることをみいだし、そして時には、それを試すために殺し合う。夜は歌や叫びであふれる。恋人といっしょになって娘の目を覚まさせる。バルコニーからバルコニーへ、歩道から歩道へと対話と冗談が広がる。誰も小声で話さない。帽子を空へ投げる。悪口や笑い話が銀貨の滝のように降りそそぐ。ギターが鳴り出す。場合によっては、喜びが悲劇となる。喧嘩やののしりや発砲、時にはナイフで刺すようなことさえ起こる。それも祭りの一部である。

なぜなら、メキシコ人は楽しむためではなく、その年の残りのあいだ、かれを隔離する孤独の壁を乗り越え、飛び越えようと願っているからだ。その魂は、色や声や感情のように爆発する。かれらは自分自身を忘れて、その真実の顔をみせているのだろうか。誰にもわからない。大切なことは外へ出て、みずからの道を開き、騒音や群集や色彩に酔うことである。メキシコは祭りの最中にある。稲妻と狂乱が行き交うこのような「祭り」は、われわれの遠慮と陰鬱の、いわば輝かしい裏返しなのである。

マリンチェの子どもたち

パスがいうように、メキシコ人は普段、自分がメスティソであるかどうかなど、気にして生活しているわけではないだろう。しかし皮膚の色のちがいによってその者の経済格差がわかるような国柄なので、配偶者を選ぶ際には、白人系は相手が外国人であっても白人と結婚したがるし、メスティソも、できれば自分より色が白いか、日本人のようにまじめで働き者をと思っていよう。白人もメスティソも先住民とは結婚したがらない。かれらに対する偏見や差別が目にみえない形で残っているからである。したがって理想と現実はちがうといえるのである。

メキシコ文化にみられる異質性、それがメキシコ人の孤独の原因だとパスは語る。しかし孤独なのはメキシコ人だけの現象ではない。現代人に共通の現象である。したがって、メキシコ人が仮面を脱ぎ去り、内面を開いて自己と対峙するようになれば、他の孤独な人びとが手をさしのべよう。こうしてメキシコ人は歴史上はじめて全人類と同時代の人間になれるのだと主張する。確かに、このような自己認識を経ているメキシコ人は、日本人以上に自信をもって、国際社会で活躍している者がおおいのである。

メキシコ人は、スペイン的とかインディオ的とか、すでに区別しにくくなった身振り、態度、性向といった伝統のすべてを一括して糾弾する。それゆえ、マリンチェを排除してわれわれをコルテスの子孫だとするスペイン主義者の主張は、純粋な白人でもない、若干の常識はずれの者たちの遺産にすぎない。そして同様なことが土着主義者の宣伝についてもいえる。これもまた、狂気のクリオーリョやメスティソによって支持されているもので、インディオはそれを気にもとめていない。

メキシコ人は、インディオにもスペイン人にもなりたくない。かれらの子孫であることも望まない。かれらを否定する。そしてメスティソとしてではなく、人間であるという抽象として活気づくのである。無の子となる。かれは自分自身から始まるのである。

模索するメキシコ

——北米自由貿易協定とサパティスタ国民解放軍

現代メキシコの政治や社会を理解するには、時として五百年前にさかのぼって考える必要がある。それは、社会格差、貧困など、この国が抱える問題点のおおくはスペイン人による征服と植民のあり方に起因するからである。そこでまず、現在までの歴史の流れを、おもに先住民に焦点を当てて概観してみよう。

国民の大半はメスティソ

一五二一年、スペイン人のエルナン・コルテスによってアステカ帝国が征服されてから一八二一年の独立まで、メキシコはヌエバ・エスパーニャ副王領として、スペイン人とその子孫によって支配された。したがって、征服以前この地の主人だった先住民は、実質的に従属民として扱われた。またこの時代に、スペインの文物と制度がメキシコに移植された。しかし時の経過とともに、スペイン人と先住民の混血であるメスティソが増加し、かれらがメキシコ社会の特徴を形成するに至る。さらに文化面でも、スペイン的なものと土着のものの融合がみられた。

しかし、それらがメキシコの人と文化の中核とみなされるようになるのは、一九一〇年にはじまるメキシコ革命以降のことであった。その革命後、初の文部大臣に就任した思想家のホセ・バスコンセロスは一九二五年出版の著書に、混血を指して、かれらこそ未来の理想的な人間、つまり「宇宙的人種」(ラサ・コスミカ)に近い存在だと書いた。

スペインからの独立を求める戦いは一八一〇年、司祭ミゲル・イダルゴによって引き起こされ、紆余曲折を経て、一八二一年に達成する。だがそれは、植民地生まれのスペイン人を指すクリオージョが、本国から高位高官として派遣されたスペイン人、つまりペニンスラールの統治に対して勝ち取ったものと解釈される。それゆえ、独立後はペニンスラールの代わりにクリオージョがあらたな支配者となったにすぎなかった。したがって法のもとの平等は謳われたが、植民地時代に形成された、白人のスペイン人を頂点とし褐色の先住民を最下層とする色の序列による階級社会には、あまり変化がみられなかった。

一八七六年から三十五年間にわたって政治を事実上牛耳っていたポルフィリオ・ディアスは、外資を導入して近代化に努めたが、それは単なる西洋文化の模倣であった。したがって先住民は遅れた存在とみなされ、かれらの文化も過小評価された。ディアス政権下で近代化と繁栄を享受できたのは少数の特権階級のみだったのである。

一九一〇年の大統領選でのディアス再選を無効だと主張する、民主主義者のフランシスコ・マデロによってはじめられたメキシコ革命も、結果として根本的な社会変革には至らなかった。その原因のひとつとして、かつてマデロとともに戦った革命家同士が、中間層以上の階級に属するベヌスティアノ・カランサやアルバロ・オブレゴンと、貧民階級出身といえるエミリアーノ・サパタやパンチョ・ビジャに分かれて対立したことが挙げられる。その主導権は前者が握った。革命の成果といえる一九一七年憲法はカランサ政権のもとで成立するが、そこにはサパタなどの要求も盛りこまれたものの、サパタもビジャもその後、暗殺されてしまった。特にサパタの死は、「土地と自由」を求める農民たちの闘争が中断されたことを象徴していよう。

武闘期が終わったオブレゴン政権時代から、あらたな国家像が模索されるようになる。その国民的アイデンティティのシンボルが、国民の大半を占めるメスティソであった。その結果、この時期から盛んになったインディヘニスモ活動のおもな目的も、メスティソ国家への先住民の統合を目指すものにすぎなかった。

一九三四年から六年間、政権の座にあったラサロ・カルデナスは、外国企業が握っていた石油産業を国有化し、さらに大地主がもっていた農地の再分配を大規模に実施した。革命の理想がある程度具体化したこの時期が、メキシコ・ナショナリズムの頂点といえる。

経済格差、都市人口の増加

一九四〇年以降、メキシコの目標は変質する。カルデナスのあとを継いだマヌエル・アビラ・カマチョは、革命の理想のさらなる追求よりも、経済発展や工業化に力を入れた。これは革命の実質的な方向転換を意味した。こうした変化は、一九四六年に、カルデナス時代の政府与党の名称「メキシコ革命党」が、「制度的革命党」(PRI、つまりPartido Revolucionario Institucional)と改名されたことにも読み取れよう。その後、一九五〇年代から六〇年代にかけて安定した経済発展がみられ、「メキシコの奇跡」とよばれた。

その経済発展の成果といえるものが、一九六八年に開催されたメキシコ・オリンピックであった。オリンピック自体は無事に、しかもきわめて盛大にとりおこなわれた。ただしその直前に大規模な学生運動が発生し、トラテロルコでの虐殺という悲劇が起こった。

メキシコの学生たちが要求したものは、経済格差が大きい伝統的な社会体制の改革や、硬直化した政府与党ＰＲＩの民主化といった国内問題だった。それに学生の数がふえたことで、以前のように簡単に高給が取れる職業に就くことが難しくなったことも、学生たちには不満だったのであろう。したがってこのときの学生運動は、かれらとは教育水準や意識の上で大きなギャップがある先住民や下層の労働者には、ほとんど支持されなかった。

ともかく学生たちは、オリンピックを一種の「人質」にとって、デモを展開した。これに対して政府は軍隊をメキシコ市北部のトラテロルコに派遣し、そこで集会を開いていた学生たちを一挙に武力弾圧してしまったのである。

トラテロルコにある団地に住むわたしの友人は、いまも銃弾が飛び交ったそのときの恐怖を鮮明に記憶しているという。

一九七〇年に大統領の座に就いたルイス・エチェベリアは、国民各層の不満を軽減するために、さまざまな改革を実行せざるを得なかった。その教育改革では、若者の教育への機会均等という理念のもとに、高等教育の拡大が推進された。学生運動の闘士たちも、かれの政権下の官僚機構のなかで要職を得たのである。他方、先住民や土地をもたない農民を優遇したので、かれは第二のカルデナスとよばれたりもした。しかしその政権の後半は、経済問題でつまずき、財界や中間層から痛烈な批判や不満が巻き起こった。

エチェベリアのあとを受け継いだホセ・ロペス・ポルティジョは、石油を外国に売らないという従来の方針を変更して、石油の輸出を梃に外資の導入を図った。このため経済は一時、活性化した。しかしその後、石油価格の下落によって石油の輸出が低迷し、経済成長が止まった。さらに累積債務の問題が浮上したことにより、一九八二年の経済危機へと突入したのである。

この時期、わたしはメキシコに滞在していたので、突如、通貨の大幅切り下げが発表され、しかも物価があっという間に倍に値上がりしたのをよく覚えている。その結果、ドルをもつ者ともたない者とのあいだに悲喜劇が生じた。また、政府への不信がこのころから、被害を被った者たちのあいだで増大したのである。

経済の低迷がつづいた八〇年代のメキシコは、農村からの人々の流入による都市人口の爆発的増加がもとで、スラムの増大や、それにともなって派生した犯罪の増加などが、重要な社会問題となる時期である一方、先進国からの消費文化の浸透に対処するため、民衆文化が見直されたり、先住民の自覚や彼ら同士の連帯の動きもみられた。さらに、メキシコ革命の目標だった国民国家や国民文化といったヴィジョンに対する疑問が噴出し、単一文化のメキシコよりも、多様な文化のメキシコのほうがゆたかなのだと認識されるようになったのも、この時期である。

もうひとつのメキシコが存在

一九八八年の大統領選挙では、微妙な差でＰＲＩの候補カルロス・サリナス・デ・ゴルタリが当選した。選挙ではＰＲＩから分かれて立候補したクアウテモック・カルデナスが善戦した。しかし、この選挙結果には不正があったとして、国を二分する大々的な抗議が巻き起こった。ちなみに、このカルデナスの父親があのラサロ・カルデナスなのである。

サリナス政権の前半は、ベルリンの壁の崩壊から東西冷戦構造の終結に至る、国際的な大事件が続発した時期に当たる。このころのサリナスは、国民間の協調と融和に力を注ぎ、内政問題に対して積極的に取り組んだといってよい。特に先住民問題では、それまでの政権にはなかった積極的な対処の仕方をみせた。たとえば、かれがあらたに設立した国立文化芸術審議会の主催で、民族問題の解決策を模索する国際会議が二度にわたって開催された。わたしが参加したそれらの会議には、メキシコ各地からさまざまな先住民集団の代表も参加して活発に発言したが、こうしたことは以前、ほとんどみられなかった現象である。その背景には、一九九二年のコロンブス・アメリカ大陸到達五百周年をめぐって、従来の支配者中心の歴史の見直しが、メキシコをはじめ世界各地で起こったこととも関連していよう。

しかしながらサリナス政権の後半は、メキシコの命運を、米国、カナダとの三国間のＮＡＦＴＡ（北米自由貿易協定）の締結にかけた。それは、バブル崩壊後の日本や、東欧問題で手いっぱいのヨーロッパには、経済支援をあまり期待できないとみたからでもあろう。ＮＡＦＴＡ入りはＥＵ（欧州連合）にせまる世界最大級の市場の創出を目指すものであると同時に、メキシコにとっては先進国の仲間になるチャンスを意味した。政府がＮＡＦＴＡの締結に全力を傾けはじめると、力点が経済のグローバル化に置かれ、国内の貧困や先住民問題は完全に後回しにされた。そのNAFTAが一九九二年十二月十七日、難産の末、米国、カナダ、メキシコの三首脳の間で調印された。

この日、米国、カナダ、メキシコの三首脳による調印式の模様が、メキシコ市でもテレビ中継された。わたしはその中継をショッピング・センターにある大きな電気屋のテレビでみたが、それに注目している人はまったくいなかった。電気屋の前の人だかりは別のチャンネルで放送していたサッカーの試合だったのである。庶民にとってNAFTA入りは、期待よりも心配の種だったからでもあろう。

そして一九九四年一月一日、NAFTAが発足する。しかし、そのおなじ日に、チアパスでサパティスタ国民解放軍(Ejército Zapatista de Liberación Nacional、略称EZLN。この名称のNacionalは「民族」とも訳されている)、つまりサパティスタを名乗る先住民たちの武装蜂起が起こり、一九六八年の学生運動時のような大規模な流血事件が再発した。これは先進国入りを目指すメキシコとは別の、もうひとつのメキシコが存在することを、世界に印象づけたのである。

つぎに、一九九四年のメキシコにおける社会の動きを、NAFTAとEZLNに絞って考察してみたい。

NAFTA発足をめぐる論争

NAFTA(メキシコではTratado de Libre Comercio、つまりTLCとよんでいる)は、「メキシコにとって、(一八二一年の)独立とか、(一九一〇年の)革命にも匹敵する根本的なものになろう」といった意

2000(平成12)年3月、サパティスタ国民解放軍の指導者たちが車を連ねてチアパスからメキシコ市を目指して行進し、テポストランへも立ち寄った。その広場に掲げられたサパティスタ歓迎の看板

見が一般的である。わたしはその経済的側面よりも、それがもたらす文化的な変化や社会変動の面からみて、こうした予測に同感である。

ところで、サリナス政権がＮＡＦＴＡ入りを決断したころには、その賛否両論で沸き返ったが、インフレが収まり、財政赤字が黒字に転換すると、サリナスは世界でもっとも有能な大統領とか、「中興の祖」とかいった高い評価がマスコミ報道に氾濫し、庶民のあいだで囁かれていた最悪の大統領ではないかといった声や、現実の経済状況に対する怒りは、完全に陰に押しやられてしまった。

米国、カナダとメキシコのあいだには、先進国と途上国という大きな経済的・社会的格差が存在する。したがって長期的には、外国資本や技術の導入によって経済は拡大し、技術水準も向上して、サリナス政権が目標とする近代化も可能だろうが、短期的には、すでにさまざまな人から指摘されているように、国際的な競争力がない中小企業や伝統的農業部門は大打撃を受けたのである。

ＮＡＦＴＡはすでに文化や社会面でも大きな質的変化を引き起こしつつある。米国との国境地帯や首都メキシコ市などでは、数年前から外国製品が氾濫し、米国系企業の進出が目立つ。富裕階級にしか手が届かないブランド物を売る巨大なショッピング・センターやファースト・フードのチェーン・レストランの乱立、ロック音楽や米国製自動車の流行などにみられるような、アメリカ化が急速に進行している。特に、都市の若者たちへの米国式生活様式の影響はきわめて大きく、かれらをＮＡＦＴＡ世代とよんでもおかしくない。ただしその影響には、かれらに米国と競争しうる専門技術や英語を身に付けねばならないといった向上心や、伝統的な男性優位の社会からの女性の解放といった、プラス面もあるが、ナショナリズムの喪失、麻薬や同性愛の増加といった、マイナス面も挙げられる。

他方、国民のあいだの貧富の差はますますひろがり、失業者の数も増大している。それに対して、国が発展すれば、いずれ先住民や貧しい農民の生活もよくなる、というのがサリナス政権の論理である。したがって、「ゆたかさには当初、必然的に堪え難いような要求もともなうものだ」と、ある程度の倒産や失業はやむを得ないとする学者も存在する。

著名な経済学者のビクトル・ウルキディは、これまで幾度となくいわれたり、試みられてきたラテンアメリカの経済統合というテーマは、現実には何らの変化ももたらさない楽観主義、ないしは幻想にすぎないととらえて、「世界市場の他の供給者と競争しうる製品の輸出戦略を追求すべき」であり、

ＮＡＦＴＡ入りは当然のことだとみなしている。一方、ノーベル文学賞受賞者のオクタビオ・パスも、既存の国民国家の概念では解決できない問題が地域統合によって可能になるのではないかとして、「大陸規模の大市場の創設は米州諸国の共同体建設に向けての第一歩」だと考えている。それゆえ、ＮＡＦＴＡの米国議会での批准承認が難航していたことに対しても、「もしそれが否決されたら、反米主義の波が押し寄せ、それがじきに他のラテンアメリカ諸国にも波及しよう」と断言したのである。

アイデンティティへの影響

ＮＡＦＴＡをめぐる論争はメキシコのアイデンティティに関する側面でも論じられた。メキシコにはいってくる情報の洪水が、国民のアイデンティティを危機に陥れるのではないかとみられたからだ。これに対して、国立文化芸術審議会会長のラファエル・トバル・イ・デ・テレサは、「ＮＡＦＴＡは通商関係を処理するための手段であり、文化や芸術のテーマには直接言及していない」として、「グローバル化の過程においてわれわれは外国文化を受け入れざるを得ない。……変化がもたらす挑戦を前にして、わが国、特に伝統的な共同体から生まれた文化の尊重と促進こそが、われわれの国民的アイデンティティを損なうことなく国を近代化するために、重要かつ何物にも換えがたい要素となる」と述べている。つまりかれは、固有の文化やアイデンティティは、外国からの影響を受けても対処次第で何ら弱体化することはない、と明言するのである。

メキシコの代表的な思想家であるレオポルド・セアも、ＮＡＦＴＡがメキシコ人のアイデンティティに影響するか否かについて発言している。「近代化があらゆる人間に影響するように、習性や習慣、行動様式にも明らかに関係するが、影響すべきでないのは、行動するための自由であり、固有と考えるものに対して、自分自身にしたがった方法を選ぶことだ」。そこでかれは、日本を訪問したときの経験を一例として挙げる。「あなた方はずいぶんアメリカ化していますね」というセアの問いに対して、日本のある友人は、「私たちは近代化した日本人でありつづけています」と答えたというのである。

サリナス政権がNAFTAによって志向する発展とゆたかさは、経済的なもの、つまり物質的なものであり、精神的なものについては別に言及していないが、結果として、メキシコ的な文化や価値観が軽視されたり、変容してしまうこともまちがいなかろう。

NAFTA入りを前にした一九九二年、サリナス大統領は、従来、メキシコ政府が独裁者とみなしていたディアスを評価する歴史の教科書をつくらせ、一時、現場の教師たちから反発を食らったことがあった。これは、メキシコ人の反米意識を払拭するために、歴史そのものの見方を変えようとしたからである。さらにその翌年には、テレビでもディアス時代を再評価するような大河ドラマ番組が流れた。

他方、メキシコ人の反米意識がいつぶり返すかわからないという状況もある。その一例として、一九九四年に米国のカリフォルニア州で可決された「提案一八七」に対して、メキシコでも大きな反発が起こったことが挙げられよう。この提案は不法移民(そのおおくがメキシコ人)への医療サービスの廃止や、その子弟への公的教育の拒否を内容としているが、一般のメキシコ人にとっては米国人から差別されていると感じられたにちがいない。

メキシコはNAFTA入りを果たした。しかし、これが発展と繁栄の決め手となるか、それとも政治的・経済的混乱の元凶となるか、計りかねているのが現状なのである。

反乱側のEZLNの主張

NAFTAが発足した初日、つまり一九九四年一月一日、サパティスタ国民解放軍を名乗る武装集団が、チアパス州の四つの町、サン・クリストバル・デ・ラス・カサス、オコシンゴ、アルタミラーノ、ラス・マルガリータスを強襲して占拠した。その理由は、かれらがNAFTAを先住民への死亡宣告と受け止めたからだ。これに対して鎮圧に向かったメキシコ国軍が陸と空から激しく攻撃し、多数の死者と行方不明者が出た。このニュースはすぐさま世界じゅうに伝わり、大きな衝撃を与えた。ただし反乱の規模や死傷者の数については、正確な統計に欠けている。国内や海外から戦闘行為や人権侵害に対する非難の声が高まるなか、サリナス大統領は十月十二日、一方的停戦宣言をおこない、外務大臣だったマヌエル・カマチョ・ソリスを和平調整官に任命して、交渉に当たらせた。また政府とEZLNのあいだの仲介役には、解放の神学派（カトリック教会の一部の聖職者が、貧困者や被抑圧者の側に立って、それらの人々の解放を求めた運動をおこなった）の神父として知られるチアパスのサン・クリストバル・デ・ラス・カサス司教区のサムエル・ルイス司教が就任した。政府としては、これ以上メキシコのイメージを損ないたくなかったからだ。その交渉が三月二日に一応、暫定合意の形でまとまった。だがその後、両者の対話は中断と続行を繰り返している。

ここでEZLN総司令部が発表した「ラカンドン密林宣言」（メキシコ・チアパス、ラカンドン密林にて、一九九三年）の一部を紹介しておこう。

われわれは（コロンブス以来）五百年の闘争の結果である。最初は奴隷制度に対して闘った。スペインからの独立戦争で闘い、北米の拡張主義による併合を阻み、憲法を公布し、フランス帝国主義を追放した。改革（レフォルマ）諸法の正当な適用を拒否したポルフィリオ・ディアス独裁に対し、人民はわれわれ自身の指導者、ビジャやサパタとともに立ち上がった。われわれ貧民は初歩的な教育を否定され、大砲の餌食に使われ、祖国の資源を奪われた。

われわれが飢えや治るはずの病気で死んでいってもかれらは構わない。まったく何もない。まともな家も土地も仕事も健康も食料も教育もない。自由で民主的に選挙する権利がない。外国から独立していないし、われわれや子どもたちのための平和も正義もない。

だが、今日、われわれはいう。もう、たくさんだ。

われわれはわが国を真につくり上げた人びとの後継者である。われわれは数百万人のもたざる者だ。七十年以上もの独裁のあくことなき野望を前にして、飢えて死なないための唯一の道であるこのよびかけに加わるよう、すべての兄弟に訴える。保守派や売国奴たちを代表する裏切り者の一派がこの独裁を率いてきた。かれらはイダルゴやモレロスに反対した者とおなじだ。ビセンテ・ゲレロを裏切った者とおなじだ。外国人侵略者にわが国土の半分以上を売り払った者とおなじだ。われわれを統治するため欧州の君主を連れてきた者とおなじだ。ポルフィリオ主義者のシエンティフィコ独裁をつくった者とおなじだ。石油国営化に反対した者とおなじだ。一九五八年に鉄道労働者を、一九六八年に学生を虐殺した者とおなじだ。今日、われわれからすべてを、まったくすべてを奪う者とおなじだ。

憲法にもとづき合法的な手段を実行しようと試みたあとで、最後の希望として憲法に訴える。憲法三十九条の「国家の主権はそもそも本質的に国民にある。すべての公権力は国民に由来し、国のために設立される。国民はいかなるときでも、政府の形態を変え、修正する、奪うことのできない権利を持つ」との規定を適用する。メキシコ政府軍に対する戦争宣言をここに発表する。

……

また、一九九四年一月六日発表の「ＥＺＬＮ総司令部・先住民革命地下委員会」声明にはつぎのように述べられている。

一連の政治・軍事行動の基本目的は、メキシコ国民と世界に対し、メキシコ人、特にわれわれ先住民がいかに悲惨な状況で暮らし、死んでいくかを知らせることにある。われわれの貧困には共通の理由がある。自由と民主主義の欠如だ。もたざる者の社会・経済条件を改善するには、人民の自由と民主的意思を真に尊重することが不可欠だ。不法なサリナス政権の退陣と、公正な選挙を保障する民主暫定政権の樹立を要求する。

以上の声明は、メキシコの国内問題の根深さを指摘するとともに、この国がもつもうひとつの、経済的に貧しくて物質的に遅れた部分を世界に印象づけた。と同時に、近代的な装備をもつ国軍に戦いを挑んだ今回のＥＺＬＮの武装蜂起を、いかにも現実離れした無謀な企てとしてとらえた者もおおかったはずだ。しかしインターネットなどの情報網の発達や国際的人権擁護団体の支援によって、このゲリラ闘争は従来とはまったくちがったあたらしい展開をみせたのである。

この紛争はしばしば「インターネット戦争」と形容されるが、実際にインターネットの使用はメキシコの奥地まで浸透している。わたしは電気も水道も通じていないユカタン半島中部のジャングル地帯に住んでいるラカンドン族の若者に出会ったとき、メールアドレスを聞かれてびっくりしたことがあった。かれはアメリカのある人類学者に自分たちの文化についての情報を提供した代わりに、その学者からパソコンの使い方を習ったといっていた。かれがメールをするときは、そこから何十キロも離れたマヤ遺跡で有名なパレンケに行って、そこの町のインターネットカフェを利用するのだそうである。

知識人と先住民の亀裂

チアパスの武装蜂起を先住民の反乱としてとらえるのはまちがいだとする意見がすくなくない。それによれば、チアパスでの反乱はその地域の遅れや貧しさに対する返答ではなく、ＰＲＤ (Partido de la Revolución Democrática、民主革命党) や旧共産党のメンバーなどによる政治的な権力闘争の色彩が強く、先住民は煽動されたり、利用されたりしているにすぎないというのだ。

メキシコの一社会学者も、チアパスの武装蜂起は貧困だけでは説明できないと主張する。この学者によれば、貧困は表面上の理由にすぎず、権力を得ようともくろむ勢力が、サリナス政権とメキシコ社会を揺るがそうとしているのだという。またEZLNの嘘として、つぎの三点を挙げている。

一、自然発生的な運動。実際はEZLNの準備に十五年ないし二十年もかかったといわれている。その上、武装蜂起を組織し、指揮したグループがいる。

二、正義のための運動。目的と暴力を使用する手段とが不一致である。力による強要で正義を実現することはできない。

三、チアパスでの闘争は民主主義を強化するのに貢献。民主主義の強化にとって暴力が必要なのではなく、暴力による挑戦を政治的に遮るために民主主義が必要なのである。

EZLNに関するさまざまな見解に関して、わたしが常々思うことは、メキシコの知識人は先住民が置かれている状況をあまり理解していないか、あるいは軽視しているのではないかということである。都会に住む、いわゆる支配階級に属する政治家や知識人は、一般的にいって先住民の気持ちや苦悩など、実感として理解できないだろうし、しようともしてこなかった。つまり先住民に対するステレオ・タイプな人種偏見は、いまなお払拭されていないのが現状なのである。

社会人類学者であり、また政府の先住民対策の担当者として、かれらの窮状をもっともよく知っているはずのアルトゥーロ・ワルマン（サリナス政権の農地改革省法務局長、セディジョ政権では農業・水資源大臣）も、チアパスがきわめて複雑な問題を抱えた州であることを認めた上で、今回の反乱が外部の

者の煽動によるものだと結論づけている。
チアパスはメキシコでもっとも貧しい州だが、その貧困の原因は複雑なだけでなく、ふるくからのものである。高地の土地は疲弊しているし、密林も樹木は繁茂しているが、ゆたかではない。樹木は不法に伐採され、保護しなければ消滅するかもしれない。石油はあるが、開発の方法に欠けている。良好な道路がすくなく、ものがあまり動かない。少し前までヘンテ・デ・ラソン（gente de razón、理性のある人びと）とよばれていたクリオージョやメスティソが住む都市から離れたところに散在する小共同体では、他の地域においてすでに一般化している教育、電気、水道、医療、市場といったサービスが

〈右上〉ラカンドン族の集落ラカンハは、古代マヤの壁画で有名なボナンパック遺跡から近いジャングルのなかに位置する。そこで会ったわたしにメールアドレスを尋ねた息子とその母親

〈上〉チアパス州のマヤ系先住民族ツォツィル族の中心地チャムラ。そこは桃源郷を思わせるような景色だが、先住民の生活は貧困や住民間の軋轢などでかならずしも平和とはいえない
〈下〉戦前の日本の農家を思わせるようなチャムラの家屋。2000年にこの地をおとずれたときは、こうした伝統的な家屋はすでにほとんど姿を消していた。写真上下とも1966年撮影

不十分である。共同体の住民の大部分は先住民であり、ツェルタル族、ツォツィル族、トホラバル族が主である。問題はふるくからの格差がいまだに残っていることだ。以前ほどではないが偏見や差別もある。……しかしEZLNの戦争宣言は無邪気で幻想的といわざるを得ない。かれらには、かなりよく武装された将校たち、それに制服も武器もほとんどもたない補充兵というふたつのタイプがみられる。司令官たちは、マルコス副司令官のように、先住民でも、この地方の人間でもない。チアパスは戦略的な計画のために、外から選ばれたにすぎない。貧困は口実、あるいは正当化のためであって、闘争の根源ではない。

こうした見方に対して、EZLNは先住民の意志を理解していないとして反対する。また、暴力は否定するものの、貧困問題の解決こそが必要だと主張する意見もある。開発調査センター所長のルイス・ルビオも、生活水準の向上のためには経済改革が不可欠であり、支配の仕組みとして、貧困を維持してきた半封建的な構造を打破しなければならないと述べている。

一方、元国立人類学歴史学研究所長であるガストン・ガルシア・カントゥは、「EZLNの思想は一九六八年の（学生運動の）迫害と死の残存物」だとみている。「一九七〇年代からチアパスの地方権力システムを打倒しようと試みる若者たちが出現した。カシーケ（cacique、体制と先住民共同体との仲介役を務める地域のボス）に対抗するために、共同体の農民たちを動員した。しかしその指導者たちが（エチェベリア政権期に）官僚機構で役職に就くため、チアパスから出て行くと、農民組織が崩壊し、カシーケの報復を受けるようになる。農民の精神的危機はEZLNのよびかけまで引き延ばされた。そのかれらの怒りが〈もう、たくさんだ〉という一語で表現される」というのである。

ガルシア・カントゥはまた、政府とEZLNの和平交渉の仲介者となったサムエル・ルイス司教の教書を引用して、先住民が置かれている状況を説明している。

食料を得る土地がない。農地の地代は収穫の利益を奪い去ってしまう。給料は非常に低く、当局は金をもっている者だけに恩恵を与える。政府は都合のよいものをわれわれに生産させようとし、みなの労働によって危機は解決すると信じさせようとする。……われわれの意見はほとんど当局に受け入れられない。われわれは屈辱を与えられ、騙されている。……電気も水道も下水もない。共同体に道路をつくるのに、建設労働者のご馳走のほかに、政府は経費の七〇パーセントを要求する。女たちは、疎外されて苦しんでいる。われわれは克服できずにいるアルコール中毒のおもな犠牲者である。……

チアパスはメキシコでもっとも貧しい州とされるが、それは富の分配がきわめて不平等なことによる。つまり、チアパスでは伝統的に少数の者が富を独占しつづけていて、人口の大多数を占める先住民はそれから除外されているからである。しかしこの州は元来、天然資源には恵まれたところなので、公平な富の再分配こそが望まれるのである。

「変革」よりも「安定」を望む

ところで、サリナス大統領によって和平調整官に任命されたカマチョは、目出し帽をかぶりパイプをくわえたEZLNのマルコス副司令官との交渉によって、国民的人気を博した。その分、PRIの大統領候補として、EZLNにも信頼されていたルイス・ドナルド・コロシオの影が薄くなったことは確かである。大統領候補をカマチョに交替すべきだという声まで出た。しかしそうこうするうちに、一九九四年三月二十三日、コロシオが米国との国境の町ティファアナで暗殺されるという事件が起こった。実行犯は捕まったものの、その背後にはPRI内での確執が存在するという説が流れた。他方、この暗殺事件によって、カマチョもコロシオ派の反感を買って、その政治生命を危うくされた。そこでサリナス大統領によってあらたに候補として指名されたのが、コロシオ候補の選挙参謀だったエルネスト・セディジョである。

ただし当初、セディジョの人気は沸かず、五月十二日におこなわれた、与党PRI、それに主要野党であるPAN(Partido Acción Nacional、国民行動党)、PRDの三大統領候補によるメキシコ初のテレビの公開討論会でも、弁舌さわやかなPANのディエゴ・フェルナンデス・デ・セバジョスに軍配が上がったといわれている。PRDのクアウテモック・カルデナスには一九八八年の大統領選のときのような高い支持はなかったが、今回の選挙では不正が起こらないようにと熱心に訴えつづけた。それにチアパス事件の影響もあって、八月二十一日の大統領選挙を公正におこなうための連邦選挙法の改正が、PRI、PAN、PRDの三党のあいだで合意に至り、五月の議会において可決された。IFE(Instituto Federal Electoral、連邦選挙機関)が再構成され、選挙監視団の参加などが決まった。そこで選挙戦では、清潔で公正な選挙をおこなうことに、みなの関心が集中して、貧困などの重要問題は二の次にされた感があった。

八月十九日、わたしは大統領選の「外国人監視団」の一人として、セディジョ候補との会見に出席した。かれの印象は、百戦錬磨の政治家というよりも、非常に穏やかなインテリといった感じだった。しかし、サリナス大統領の政策を継続するのか、というある出席者の質問に対しては、「サリナス政権時代とは状況がちがうし、わたしはわたしの考える政治をおこなう」と言明したのである。

八月二十一日の選挙は、PRIが六十五年ぶりに政権の座を野党に明け渡すのではないかと、内外の注目を集めた。しかもどの政党も巨額の金を使い、お祭り騒ぎともいえる派手な選挙戦をおこなったため、国民の選挙への関心は否応なしに盛り上がり、七八パーセントという高い投票率であった。八月二十一日の大統領選をわたしもみてまわったが、投票所はどこも平穏そのものであった。投票所の係りを買って出た人びとも、各政党から派遣された監視人も、長い列をつくっていた有権者も、投票に参加することを誇りとしているようで、緊迫した空気は微塵も感じられなかった。この選挙そのものは全般的にかなり公正におこなわれたといってよいのではなかろうか。選挙結果は、「変革」よりも、不満足ではあっても、「安定」を望む声のほうがおおく、PRIが大勝した。これは国民のおおくが、先住民の置かれている貧しい状況に対して同情はしても、革命は望まないということなのかもしれない。大規模な流血騒ぎとなったEZLNの反乱は、逆にPRIに味方する結果になったと解釈できよう。

文化の多様性と人権の尊重を

国民のおおくが「安定」を選択したとしても、先住民をはじめ、伝統的な農業に従事している者たちが、新自由主義経済政策のなかで、農業の近代化を目指す政府の方針に対して、強い危機感を抱いていることも確かである。ＥＺＬＮ支援のデモでは、「サパタは生きている」(Zapata vive)、「チアパスはメキシコだ」(Chiapas es México)といった合い言葉が聞かれたが、先住民問題や貧困など、チアパスと同様の問題を抱えた州はメキシコじゅうに散らばっているのである。

中小企業のおおくも、米国企業に太刀打ちできずに倒産したり、あるいは多数の失業者を出している。ＮＡＦＴＡをめぐる状況はメリットよりもデメリットのほうが目につく有り様だ。したがって、国民の不安や不信感は当然、政府与党に向けられている。その上、ＰＲＩ内部でも、従来の民族主義的な政策を守るべきだとする守旧派と、自由主義経済を信奉する革新派との間の対立には根深いものがある。ＰＲＩの大統領候補だったコロシオの暗殺のほかに、九月二十八日には、ＰＲＩの幹事長だったホセ・フランシスコ・ルイス・マシェが凶弾に倒れた。実弟の連邦検察庁副長官マリオ・ルイス・マシェが調査を担当し、ＰＲＩの下院議員の関与を明らかにし、上院議員の調査に着手した。しかしかれは、ＰＲＩの首脳部からの圧力や捜査妨害があったと抗議して辞任してしまった。またしてもＰＲＩの内部対立が話題になったものだ。

以上のように、サリナス政権はさまざまな問題が未解決のまま、一九九四年十二月一日、セディジ

1994年の大統領選は歴史的な選挙になるのではないかと、たいへんな熱気だった。メキシコ市ソカロ（憲法広場）でおこなわれたPRI（制度的革命党）の選挙戦の打ち上げ集会の模様

ヨ新大統領とバトンタッチした。セディジョは就任演説において、前政権の自由主義経済政策を継承しつつ、雇用、貧困など国内問題を重視する立場をとることを明らかにした。またチアパス事件では交渉による平和解決を謳っている。

しかしながら当時、経済面では米国からの輸入が増大し、経常赤字が急速に膨らんでいた。その結果、外貨準備高が六十億ドルにまで激減した。

十二月十九日、チアパス州の知事選で不正があったと抗議されていたPRIの知事が就任したことで、EZLNがいくつかの村を一時占拠するという事態が起こった。このニュースが国内外に報じられると、それに不安を感じた外国資本が、一夜にして約十億ドルもメキシコから逃避してしまった。そこで政府は通貨の一五パーセント切り下げを発表したが、それでは収まらず、十二月二十一日には輸出の競争力を高めようとして変動相場制に移行した。しかしこれが裏目に出て、メキシコは経済危機に陥り、期待されていた経済成長の夢が、無残に砕け散ったのである。NAFTAの一員である米国のクリントン政権は、国際的支援がなければ、メキシコだけでなく、世界経済そのものが揺るぎかねないとして、先進各国から巨額の援助を取り付けた。今回の経済危機は、一九八二年のときのように、国内の資金が海外へ逃げ出したのではなく、おもに米国の投機資金が流出したもので、一過性のものだと解釈されている。しかしこのことで生活がさらに苦しくなったおおくの国民は、その怒りを政府のほかに、米国にもぶつけている。それはメキシコの運命が米国によって弄ばれていると感じたからであろう。

メキシコが直面する困難を克服するためには、これまで軽視されてきた貧困や先住民問題のほかに、PRIの改革にも本腰を入れることが必要である。もしそうでなければ、国民のPRI離れはつづくことになろう。また、国民も五百年来の歴史を見直し、問題がいかに根深く、複雑なものであろうとも、文化の多様性と人権を尊重するあらたな地道な国造りが不可欠なのだ、という認識をしっかりともつことが何より肝要なのではあるまいか。

ともあれ一九九四年は、NAFTAの発足とEZLNの反乱ではじまり、これらのふたつをめぐって激動と混乱のうちに終わった。

メキシコ多文化思索の旅

マヤ、アステカといった古代文明に魅せられていたわたしは、一九六〇年、あこがれのメキシコへ留学した。到着後さっそく、メキシコ市の中心地にあるソカロ（憲法広場）に出かけた。そのときのことは、いまでも忘れられない。そこには、スペイン領時代は副王の居城で、現在は大統領の執務室にあてられている国立宮殿、ラテンアメリカ最大の教会建築でこの国のカトリックの総本山といえるカテドラルなど、植民地時代に建てられた大建造物が立ち並んでいる。

その方形の空間に立ったとき、わたしは足元に異様なざわめきを感じた。というのも、この場所がかつてのアステカ帝国の都テノチティトランの中枢部に位置し、その地下にはスペインの征服者によって破壊された建物の廃墟や、殺された人びとの霊が眠っているので、アステカ族の怨念が渦巻いているると思ったからだ。いうなれば、アステカの亡霊をみたのだ。かれらの霊は成仏しておらず、征服の後遺症もまだ癒えていないと、そのときわたしは解釈したのである。

ソカロに焚かれた「あたらしい火」

ソカロは、現代のトラトアニ（アステカ皇帝）ともよべる大統領が教書を発表する日などに、動員された政府系の組合員などが集まる場所として知られている。しかし一九九二年十月十二日、つまりコロンブスのアメリカ大陸到達五百周年の当日は、アステカ族の子孫である先住民などがここに集まって、「あたらしい火」の儀式をおこなった。

「あたらしい火」というのは、スペイン人による征服以前、アステカ族が各五十二年目の最終日にとりおこなう儀式のことである。アステカには二十日を一カ月とする十八カ月に、余分の五日を加えた太陽暦と、一から十三までの数字と二十の動植物や自然現象などの記号からなる百六十日の祭式暦があった。それらのふたつの暦を組み合わせると一万八九八〇日、つまり太陽暦の五十二年、祭式暦の七十三年でひとつの周期が循環する。

その五十二年目の最後の日を、ひとつの時代の終わり、したがって世界の終わりになるかもしれないと考えて、人びとは家のなかの火を消し、それまで使用していた食器などを壊して、不安な一夜を過ごした。夜明けに山頂で、「あたらしい火」が神官たちの手によって焚かれると、声をあげて喜び、それをあたらしい時代のはじまりとして祝ったのである。その後、「あたらしい火」はたいまつに移されて、一軒一軒に配られたという。

ところで、十月十二日にソカロへ集まった古代思想の信奉者たちは、屈従の五百年間と訣別し、伝統文化の再生を願って、「あたらしい火」を焚いたのだろう。ソカロはむかしもいまも、スペイン人征服者たちの子孫とよべる支配者階級、ならびに先住民の双方にとって、聖地なのだといえよう。

スペイン語圏の現在

わたしは一九九二年九月から半年にわたって、スペイン、アルゼンチン、パラグアイ、メキシコと、文字どおりスペイン語圏の隅から隅までまわった。それはコロンブスアメリカ大陸到達五百周年という好機に、各国の現状を知ったうえで、メキシコ文化を見直したいと考えたからだ。

〈上〉セビリア万博のはずれの河岸に係留されていた３隻のカラベラ船は、コロンブス一行が乗ったサンタ・マリア号などを復元したもの。乗ることもできて、家族連れなどに人気があった

〈下〉セビリア近郊にある、スペインとラテンアメリカを結びつける象徴ともいえるラ・ラビダ修道院。ここの修道士が黄金の島ジパング(日本)を目指すコロンブスの渡航計画に協力した

スペインではまず、十六世紀から十八世紀にかけて、アメリカ大陸への窓口として栄えたセビリアへ行き、グアダルキビル川に浮かぶカルトゥハ島で催されていた、「発見の時代」を統一テーマとするセビリア万博を見物した。開催期間が終わりに近い九月下旬だったこともあって、混雑していた。みたいと思っていた「発見館」は、完成前に火災で大半が焼けてしまい、そこの映画館だけが開いていた。しかし映画をみるにも、何時間も待たねばならないといわれ、「航海館」へ行ったが、そこも長蛇の列ができていたので、それもあきらめて、会場のはずれの河岸に係留されている三隻のカラベラ船の見物からはじめた。これらの船は、コロンブスらが乗ったサンタ・マリア号などを原寸大で復元したものだが、思っていたより、ずっと小さいのに驚いた。こんなちっぽけな船で、未知の大海に乗りだしたのかと、感慨を覚えたものである。

ただしコロンブス一行が出港したのは、ここではなく、パロス・デ・ラ・フロンテーラというセビリア近郊の港である。翌日さっそく、その港をみようと思い、バスに乗って、この町をおとずれた。コロンブスが町の人びとにカトリック両王の命令書を示した場所として知られる、そこのサン・ホルへ教会で、車で旅行しているメキシコ人夫妻に声をかけられた。そこにはわれわれ三人しかいなかったからでもある。わたしはかれらの車に乗せてもらい、そこから数分のところにあるパロス港の跡をたずねたが、港は船乗りたちで賑わったころの面影はまったくなく、無人の河口には、アメリカ大陸到達四百周年の際に復元された桟橋の残骸だけが残っていた。

そこへいくと、コロンブスの渡航計画を支援したことで知られるラ・ラビダ修道院は、スペインとラテンアメリカを結ぶ象徴的な場所と考えられており、ここをおとずれる者の数はすくなくない。

一九九二年八月三日には、ファン・カルロス国王が主宰する政府の特別会議が、パロス近郊にあるこの修道院で開催され、五百年前のこの日にコロンブス一行が出発したことを祝っている。その修道院の前には、青空の下、スペインとラテンアメリカ諸国の国旗が色鮮やかにはためいていた。

スペインでは五百周年に関して、マスコミがそれなりに力を入れて報道しているにもかかわらず、「国民はまったくといってよいほど関心がなさそうだ」と、この国に住む日本人の友人が話していた。それは五百周年を盛大に祝うために、オリンピックや万博を開催して、莫大な金を使ったにもかかわらず、ラテンアメリカ諸国の反応がばらばらで、しかもあまりよくないこともあって、関心がないというより、いや気がさしているからかもしれない。それよりも、せまり来る不況をどう乗りきるかということで、頭がいっぱいなのだろう。

コロンブス五百周年をめぐる論争

わたしは十月十一日の日曜日、マドリッドで、リドリー・スコット監督の「一四九二、コロンブス」(スペイン語タイトルは「一四九二、楽園の征服」)という映画をみた。史実を淡たんと追っただけといえるもうひとつの映画、ジョン・グレン監督の「コロンブス」(「クリストバル・コロン、発見」)とくらべると、じつに劇的な作品で、コロンブスの人間性に焦点を当てている点が評価できる。スペイン人同士の争いで、コロンブスが地上の楽園と考えていたアメリカ大陸が破壊され、「発見」も、アメリゴ・ベスプッチの手柄とされてしまうなど、かれは英雄ではなく、悲劇の人物として描かれていた。

上映が終わったとき、がら空きの場内で観客の一人が拍手をしかけたが、すぐにとぎれてしまった。それは場内に流れていた重苦しい空気を察したからだろう。その他の観客は沈黙したまま劇場を立ち去ったのである。

十月十二日は、コロンブスがアメリカ大陸に到達した日として、スペインおよびラテンアメリカ諸国では「民族の日」とよばれて、休日となっている。したがってこの日のマドリッドは閑散としていた。その市街を散歩中、柱にはられた「五百周年も違法移民追放も反対」といった意味のビラが目についた。

他方、セビリアの万博会場は相当な人出だったらしい。それは万博がこの日で終わり、夜の十時半から閉会式がおこなわれるからだ。マスコミ各社はその模様を中継しようと、たいへんな熱の入れようだった。わたしはラジオで、カタルーニャ人とスペイン人の学者による五百周年についての論争を聞いた。スペインはフランコ総統時代、少数民族のカタルーニャ人やバスク人を固有の言語の使用などで差別していた。

前者は、スペイン人征服者による先住民虐殺を非難し、五百周年を祝福することに対して全面的に反対していた。後者は、今日の価値観で十五世紀の人間を評価してはならないと肯定的だった。また、アメリカ大陸の発見と植民地化はスペインがやらなくても、いずれヨーロッパの他の国がおこなったはずだから、その必然性は理解すべきだともいっていた。

激しい論争は、閉会式がはじまる直前まで延々とつづいていた。いずれにせよ、こうした論争はスペインが開かれた国だという証拠でもあるだろう。万博会場では閉会式の前に、花火が盛んに打ち上げられ、お祭り気分は大いに盛り上がったが、国王による閉会のあいさつはきわめて簡単なものだった。セビリア市民の努力を称え、さらに万博跡地は「カルトゥハ九三」という名のプロジェクトとして、あらたに整備されるだろう、と述べただけで、肝心の五百周年については一言も触れられなかったのである。

翌十三日のスペインの新聞『ABC』は、五百周年委員会のスペイン人委員長が、アメリカ大陸の先住民に対して謝罪したことを、栄光ある祖国に対して冷淡な態度だったとして、「一九九二年は、セビリア一〇点、バルセロナ一〇点、五百周年〇点という悲しい結果になった」と書いていた。しかし、五百周年をめぐる論争が実りのないものであったとは、どうしても思えない。賛否両論がぶつかりあうことによって、それまでの単眼的な視点に風穴が開けられ、ある程度、相互理解の道が開けてきたといえるからである。

先住民文化抑圧の終結に向かって

スペインのマドリッドから大西洋を越えたアルゼンチンのブエノスアイレスまで、直行便だと、約十二時間で到着する。コロンブスの時代だったら、まさに夢のような話であろう。しかもアルゼンチンはその住民のほとんどが白人なので、スペインからきても違和感はない。ただし、オリンピックや万博の開催で世界じゅうから観光客を迎えていたスペインの諸都市がびっくりするほど清潔だったのにくらべ、アルゼンチンは混乱していた経済が落ち着いてきたとはいえ、その混乱の後遺症か、街がなんとなく汚れているのが目についた。

わたしはさっそく、この国の先住民問題の現状について知りたいと思い、ファン・B・アンブロセッティ民族誌博物館へ行ってみたが、展示品があまりにすくないのにがっかりしてしまった。民族ごとに衣服や道具類が展示してあるものの、美術的に価値があるようなものはほとんどなかった。アルゼンチンでは先住民問題がきわめて周辺的な事柄だからであろう。けれども関心が皆無でないことは、博物館の入口の壁に、ブエノスアイレス大学大学院の人類学コース主催による「五百年目、批判的視点・フォーラム」という会議の案内がはられていたことでもわかる。

またこの国にも先住民協会(AIRA)といったものが存在する。その第一号会員であるエウロヒオ・フリテス博士に会った。アルゼンチン領に住むケチュア族の出身で、先住民の法律問題を担当しているという。最近、かれが中心になって、この国の先住民が歴史的にどのように扱われてきたかをテーマとした資料集を出版している。

アルゼンチン国民のアイデンティティについての模索は、十九世紀末に結成された急進的市民連合や、二十世紀初頭のイリゴージェン大統領の時代に前進した。さらに一九四〇年代のペロン時代にもこのことについての関心が高まり、国家統合が叫ばれた。しかし最近はテレビなどの影響が大きく、国民の連帯意識も危機にあるといってよい。ともかくアルゼンチンも、ラテンアメリカの一国として、自国のアイデンティティを失わずに近代化することを目指しているが、そこには混血の国メキシコにみられるような、先住民の要素はすくないといえる。

スペイン語圏の諸国において、五百周年関係のさまざまな行事が、十月十二日をクライマックスにして、終わったばかりの十六日、グアテマラのマヤ系民族、キチェ族の女性、リゴベルタ・メンチュウのノーベル平和賞受賞が発表された。わたしはその報道を翌日のアルゼンチンの新聞で知った。『ラ・ナシオン』紙の一面には、彼女の大きな写真とともに、つぎのような記事が載っていた。「グアテマラ先住民の指導者リゴベルタ・メンチュウが、和平ならびにコロンブスのアメリカ大陸到着後五百年の和解のシンボルとして考慮され、委員会によってきょう、彼女のノーベル平和賞受賞が決定した。両親と兄弟をグアテマラ軍によって殺された、三十三歳のメンチュウは、受賞が先住民文化抑圧を終結させるのに役立つことを願う、と語っている」。

パラグアイでのイエズス会の足跡

わたしはアルゼンチン滞在中、隣国のパラグアイをおとずれた。ラテンアメリカの植民地時代における最大の文化的事業といえる、イエズス会（カトリック修道会）によるグアラニー族のミッション（宣教村。スペイン語ではレドゥクシオンという）の跡をたどってみたかったからだ。

首都アスンシオンへ着き、友人の国際協力事業団の職員に、グアラニー族に関する展示のある博物館をみたいといったら、紹介してくれたのが戦史博物館だった。この国がアルゼンチン、ブラジル、

グアラニー族がつくったキリスト像。スペイン製のものよりも素朴な味わいがある。パラグアイのサンタ・マリア・デ・フェの博物館蔵。その建物は宣教村（ミッション）の「インディオの家」であった

ウルグアイと戦った三国同盟戦争、ボリビアと戦ったチャコ戦争などの事跡の展示が主で、そこにはグアラニー族など先住民についての資料はほとんどなにもなかった。

しかし中心街を歩いていたら、五百周年ビルと名づけられているあたらしい建物で、五百周年国内委員会主催による、「歴史にみるパラグアイ」という展覧会が開かれているのをみつけた。その展覧会の規模は小さかったが、質はきわめてよいものだった。そこには宣教村でグアラニー族がつくった聖人像や天使像、一七六七年にスペイン国王によってだされたイエズス会士追放の勅令、当局に宛てたグアラニー語の書簡など、貴重な史料が展示されていた。

つぎに、先住民の生活をみてみたい、と友人にいったら、アスンシオンの郊外にある、マカ族のコミュニティへ連れて行かれた。そこに住んでいる約千人のマカ族は、一九八二年の洪水で、故郷の土地を追われた人びとである。七年前に、キリスト教系のある教団と関連する韓国人から、この土地をもらって住み着くようになったが、今年じゅうにはアメリカ人の援助で、別のもっとひろい場所に移るといっていた。

コミュニティには外国人の援助によってつくられた診療所と小学校、それにバプテスト派の教会やカトリックの教会もある。伝統文化を守っている老人たちは固有の神がみを信じているので、こうした教会に行きたがらないという。このコミュニティでは民芸品をつくって生計を立てているが、ここをおとずれる者にも寄付を仰いでおり、写真一枚撮るにも、お金を払わなければならない。

パラグアイでは国民の九五パーセントが混血であり、言葉は公用語のスペイン語のほかに、グアラニー語がひろく話されている。ラジオ放送には、グアラニー語を使う番組や、グアラニー音楽を流す番組もある。パラグアイには七つの民族集団が存在するが、わずかに残っているそれらの民族のひとつがマカ族なのである。ただしかれらの言葉はグアラニー語とは関係ない。

わたしは国際協力事業団の友人といっしょに、待望だった宣教村の遺跡見物に出かけることにした。宣教村というのは、現在のパラグアイ、アルゼンチン、ブラジル三国の国境地帯で、イエズス会士が、大自然のなかで狩猟や採集、それにマンディオカというイモ(キャッサバ)を栽培して暮らしていたグアラニー族を、一カ所へ集めて、キリスト教化するために組織した独特の共同体のことである。また宣教村の創設には、スペイン人やポルトガル人植民者の搾取や虐待から先住民を守るという目的もあった。

イエズス会士がキリスト教の教育やあらたな生活方法の指導をおこなっていた宣教村には、教会や学校などのほかに、大規模な農場や牧場があり、また、自分たちの生活に必要な家具、それに時計や楽器などをつくる工場まで存在した。しかしそこで蓄積された富は、個人で所有することは許されず、共同所有であった。子どもたちには学校で、ラテン語、スペイン語、算数、音楽といった科目が教えられていた。それはまさにユートピアの実現を目指したものともいえる。

パラグアイの宣教村は一六〇九年から一七六八年にかけて存在した。その数は三十六を数え、三十万ものグアラニー族がそこで暮らしていた。しかし、これらの宣教村は、先住民を労働力として利用しようとする植民者やその土地を支配しようとする当局と対立し、イエズス会士はスペイン王室の領土内に独立国家を建設しようとしている、などと中傷されて、最終的には、勅令の翌年に起こったイエズス会士追放となったのである。

グアラニー族の廃墟にさまよう亡霊

宣教村関係の遺物や遺跡をたずねるには、つぎのような場所へ行く必要があるだろう。まず遺物では、かつての宣教村の「インディオの家」を博物館にしているサンタ・マリア・デ・フェ、それに「インディオの学校」を博物館にしているサン・イグナシオ・グアスー。これらの博物館にはスペイン人がつくった聖人像のほかに、それを手本としてグアラニー族がつくった聖人像などの傑作が展示されている。ただしグアラニー族の伝統文化を伝えるような遺物はなにもない。

つぎに宣教村の遺跡であるが、これら宣教村の全体像を知るには、トリニダーの遺跡がもっともよい。ユネスコ世界遺産に数えられているこの遺跡の修復には、日本政府の援助もあったという。トリニダーの立派な教会遺跡の堂に彫られている、罪人が火のなかで焼かれている図が特に印象に残った。宣教村に住んでいたグアラニー族はそこでの生活をどのように感じていたのだろうか。聞いてみたい気がしたものである。

アルゼンチン側にはサン・イグナシオ・ミニの遺跡があり、こちらはイグアスの滝と保護区に住むグアラニー族の村とともに、この国の主要な観光ポイントになっている。また、そのサン・イグナシオ・ミニの遺跡のそばには、ロレートという名の未発掘の遺跡が森のなかに眠っている。パラグアイ

〈上〉パラグアイにある宣教村の代表的遺跡トリニダー。修復された教会などの建物にはいくつもの彫刻が残されている。そのひとつに、罪人が火のなかで焼かれている図がある

〈下〉トリニダー遺跡は、ユネスコ世界遺産に登録されている。宣教村(ミッション)は植民地時代にイエズス会士がグアラニー族を集めて、キリスト教的な生活をさせようとした組織である

側のトリニダーの付近にもヘススとよばれる遺跡がある。そこには、壮大な教会の廃墟だけが残っている。われわれがたずねたとき、無人のその教会跡で、ブラジルのある大学が五百周年関連の映画を撮っていた。それは廃墟のなかに、イエズス会士の亡霊がうろついているような場面の撮影である。まさにつわものどもが夢の跡といった感じだった。

そこからの帰り道、突如、草むらから、木の実かなにかがはいったビニール袋をさげた、身なりの貧しい男が飛びだしてきた。そして車の前に立ったので、食べかけのチーズパンをあげたら、喜んで食べながら、姿を消した。同行の友人はその男を「インディオだ」といっていた。イエズス会士の追放とともに、かつての楽園は失われ、そこに住んでいたグアラニー族も散りぢりになってしまった。かれはその数すくない生き残りの一人なのだろう。

スペイン人による征服というと、虐殺や抑圧ばかりが話題になるが、先住民のためにユートピアをつくろうとして真剣に努力した、イエズス会士のような人びとがいたことも忘れてはならない。

「発見」か「出会い」か「侵略」か

メキシコ市はブエノス・アイレスから直行便で約八時間の距離にある。ラテンアメリカを南から北へと縦断したことになる。この市の中心部に着いてまず感じたのは、先住民とメスティソ（スペイン人と先住民の混血）がやたらにおおいことである。それが白人国アルゼンチンから着いた第一印象である。パラグアイにもメスティソがおおいが、先住民よりも白人の血が濃い混血といった感じなのに対し、メキシコのそれは先住民の血が濃い混血といった感じだ。

メキシコ市のトラテロルコには、アステカ時代の古代遺跡、植民地時代の教会、それに現代的な高層ビルが一カ所に存在することから、三文化広場とよばれている場所がある。そこにはつぎのような文字が刻まれた碑が立てられている。「クアウテモックによって雄々しく守られたトラテロルコは、一五二一年八月十三日、エルナン・コルテスの手に落ちた。それは勝利でも敗北でもなかった。それは今日のメキシコである混血国家の痛々しい誕生であった」。

ただしこれは、メキシコ国民の大半を占めるメスティソの論理ではあっても、先住民の論理ではなかろう。先住民にとっては、それまで自分たちのものだった土地が、スペイン国王に所属するものとされ、かれらもその臣下として、納税や奉仕を要求された。特に、スペイン人征服者や植民者に先住民を委託する、エンコミエンダという制度の施行によって、スペイン人はかれらを私物化し、両者の主従関係は決定的なものとなったのである。

メキシコ第二の都市グアダラハラには、カバーニャス文化研究所とよばれる、オロスコの壁画で有名な建物がある。ここは数年前に、ラテンアメリカ諸国とスペインの首脳が集まって、イベロアメリカ会議を開催した場所でもある。わたしはこの建物で、「今日のアメリカ大陸・五百年後」というポスター展をみた。そのポスター・コンクールで一等賞を受賞した作品は、握手を描いたものだが、片方の手の爪が相手の手に食いこんで血が滴っている。いうまでもなく白人が先住民に爪を立てているのだ。

スペインがアメリカ大陸発見五百周年を記念する行事をおこなおうとしたとき、メキシコの学者は「発見」ではなく、「ふたつの世界の出会い」とすることを要求したが、先住民にとってそれは「侵略」であり、抵抗の五百年にほかならなかっただろう。いずれにせよ、先住民の存在が、五百周年をきっかけにして、はじめてクローズアップされたことは確かであるし、一九九三年の国際先住民年に先駆けて、一九九二年十月、リゴベルタ・メンチュウがノーベル平和賞を受賞したことも、きわめて象徴的な出来事であった。このようにさまざまな意見がぶつかりあっているのが現状だといえるし、それらがあらたな展開の基盤になると、わたしは考えている。つぎに、メキシコの歩んだ歴史を展望し、その実情がいかなるものであるかをみていくことにしたい。

メキシコの歩んだ道

コロンブス五百周年をめぐる論争の成果のひとつは、前述したように、従来、その発言が無視されてきたラテンアメリカの先住民たちが、自分の意思や考えを公の場で表明しはじめたことだろう。それに対する政府やその他の国民の反応が十分でないとはいえ、先住民の意見を理解し、支援する人びとがふえていることも確かである。ともかく、その変化は画期的であり、まさに「発見」以来だともいえるのである。

もうひとつの成果として挙げられるのは、たとえばメキシコにおいて、これまで暗黙のうちに一種タブー視されていたスペイン植民地時代に関する研究が、自由におこなえる環境になってきたことだろう。今日のメキシコを正しく知るためにも、植民地時代の社会や文化の研究は欠かせない。しかし一九一〇年のメキシコ革命以降、植民地時代といえば、その悪い面のみが強調されて、否定的に評価されるのが普通であった。したがって、スペイン人の征服者エルナン・コルテスも、植民地主義のシンボルとみなされて無視されたままであり、この国にはかれの銅像などひとつもない。メキシコでは、国民的英雄が、勝ったコルテスではなく、敗れたアステカ帝国の最後の皇帝クアウテモックなのである。

メキシコを客観的な観点から理解するためには、もう一度、この国の原点といえるコルテスの研究からはじめる必要があろう。そこでわたしはコルテスの実像を知りたいと思い、スペインのエストレマドゥーラ地方にある、かれの生まれ故郷メデジンへ出かけてみた。そこは普通の地図には載っていないほどちっぽけな町で、周辺にはほとんど緑がないきびしい自然がひろがっていた。町の入口にあるローマの橋とよばれる石造りの橋、町を見渡す丘の上にたつ中世の城の跡、それに白壁の石造りの家いえが立ち並んでいる。町の広場へ通じる道には、衣服などの日用品を並べた露店市が立っているが、閑散としていた。その広場の一角に、コルテスの家がここに存在したことを記す小さな石碑がある。石碑の台座に使われている石は薄れてわかりにくくなっているが、まちがいなくアステカの石彫である。そして広場の中心には、一八九〇年に建立されたコルテスの銅像が立っている。それは、この小さな町には不釣り合いなほど立派な像であった。

わたしはこの町をおとずれてはじめて、コルテスがよりよい生活を求めて、未知の新世界へと旅立

〈上〉メキシコ市のトラテロルコの三文化広場にある、アステカ征服に関する記念碑には、それが「勝利でも敗北でもなく、今日のメキシコである混血国家の痛々しい誕生であった」と記されている

〈下〉「今日のアメリカ大陸、500年後」というポスター展で一等賞になったM. Gorowskiの作品。２人の人間が握手しているが、先住民の手に西洋人の指の爪が食い込んでいる

った、夢おおき若者にすぎなかったのではないかと思うようになった。かれもいまのメデジン町民のように、ごく普通の人間であったにちがいない。しかし歴史のいたずらで、かれが征服者となってしまい、アステカ帝国の崩壊後は、そこに、スペイン人を支配者、先住民を従属民とする植民地社会が出現したのである。

メデジンで出会った一人の老人は、この地の出身者であるコルテスに対して好意的だった。ただし、かれが一五四七年、セビリア郊外で失意のうちに世を去ったこと、それに外国でかれが嫌われたり、批判されていることも知っていた。コルテスは悲劇の主人公でもあったのだ。

「一の葦」、ふたつの世界が衝突した

コルテスを隊長とするスペイン人一行が、メキシコへ上陸したのち、同盟を結んだトトナカ族とトラスカラ族の軍隊とともに、アステカ帝国の都テノチティトランに姿をあらわしたのは、一五一九年十一月十八日のことだった。トトナカ族はアステカ帝国の支配のもとで、重税などで苦しんでいた。トラスカラ族は独立していたが、アステカ族からしばしば戦争を仕掛けられては、いけにえのための捕虜を連れ去られていた。したがって、両民族ともアステカ族に敵対心をもっていたのである。その日の朝、メキシコ盆地の湖上の島にそびえる、壮麗な石造りの宮殿や神殿をみて、一行はそのあまりの素晴らしさに、まるで幻の世界のようだ、と驚いたという。

当時の人口約三十万人といわれる、その繁栄した都の中心部に、テンプロ・マヨール（大神殿）のあ

る「聖域」が存在した。そこでは祭りのたびに、人がいけにえに捧げられていた。それは、神がみがみずからを犠牲にして、太陽や月、それに人間を創造されたように、人間も世界の存続のために、そのエネルギーとなる自分たちの血を神がみに捧げなければならない、という独特の宇宙観に基づいたものであった。

コルテス一行は湖の対岸と島を結ぶ堤道を進み、都の入口のところで、アステカ皇帝のモクテスマと出会った。そのとき、皇帝はスペイン人一行を伝説にいうケツァルコアトルの再来として出迎えた。その伝説に出てくるケツァルコアトルとは、アステカ以前に存在したトルテカ王国の名君のことであり、かれが同名の神の名を自分の名前につけていたので、アステカ時代には両者が混同されたまま伝わっていたらしい。

実在の人物のケツァルコアトルは、トルテカの都トゥーラで起こった内乱の末、都落ちして、東方へ姿を消した。その際、いつかアステカ暦の「一の葦《アシ》」の年に戻ってくると約束したという。アステカ族は自分たちの初代の皇帝として、名門のトルテカ王家の血を引く者を選んでいたので、「一の葦」の年に東方からやってきたコルテスを、ケツァルコアトルとまちがえてしまい、かれこそ正統な皇帝だとして観念したのである。そこでモクテスマはコルテスに対して、「わたしはあなたの玉座に、あなたの名で、ほんのわずかのあいだ就いていたにすぎない」と語ったのだ。

しかしアステカ帝国の運命はこれで決まったわけではなく、その後、幾多の変遷を経て、一五二一年八月十三日、アステカ最後の皇帝となったクアウテモックが、コルテス軍によって捕らえられたとき、その崩壊が決定したのである。

歴史に翻弄された、数奇な女の一生

コルテスのアステカ帝国征服に貢献した先住民の女性に、マリンチェ（ナワトル語名マリンツィン、スペイン語名マリーナ）がいる。メキシコでは従来、マリンチェといえば、民族の裏切り者として、悪女のイメージが強かった。しかし近年、男たちが戦った戦争の敗北の責任を、一介の女性のせいにするのは卑怯だとして、彼女の再評価を求める動きもみられる。

マリンチェはコルテス一行がメキシコへやって来たときに、現在のタバスコ州の海岸でかれらがマヤ族と戦った際、マヤ族から戦利品として贈られた二十人の女奴隷の一人であった。マリンチェはアステカの言葉、ナワトル語を話す地域の大首長の娘だったが、跡継ぎをめぐるいざこざにより、マヤ族のあいだに奴隷として売られていたのだ。その彼女がコルテスにとり、ナワトル語を話す通訳として大いに役立ったことは確かだが、それは自分を伴侶として扱ってくれた者に対する当然の行為と解釈すべきで、彼女には民族を裏切るといった意識はなかったのではなかろうか。

マリンチェの歴史的意義を、メキシコ人の最初の母親として見直すべきであろう。彼女はコルテスとのあいだにマルティンという名の子を残しているが、かれこそ最初のメスティソとよべるからである。マリンチェはその後、コルテスによって、部下のファン・ハラミージョの妻とさせられた。また、彼女がいつ死んだかについても諸説があり、定かではない。

メキシコ市のサン・イルデフォンソ学院(現在は美術館)にあるオロスコの壁画「コルテスとマリンチェ」。スペインの征服者とその愛人になった先住民女性。かれらの足元に先住民が倒れている

わたしが興味をもつ、もう一人の先住民女性にイサベル・モクテスマがいる。彼女もメキシコ征服という歴史に翻弄された、きわめて数奇な一生を送った女性である。征服以前は、王女を意味するテクイチポとよばれていた。その名前はイシュカショチツィン（「綿の花」の意）である。彼女は一五〇九年ごろに、モクテスマの王女として生まれ、将来アステカ皇帝の后になるべく、入念な教育を受けて育った。しかし一五一九年、コルテス一行のテノチティトラン入城で、彼女の運命の歯車は狂ってしまった。モクテスマがコルテスを丁重に扱ったにもかかわらず、黄金を手に入れようとしたコルテス一行が、逆に皇帝を捕らえて幽閉してしまったからだ。

そこでモクテスマは自分の子どもたちの世話をコルテスに委ねた。しかし史上、「悲しき夜」として知られる一五二〇年七月三十日、反乱を起こしたアステカ族の攻撃から逃れるために、コルテス一行が都から退去するという事件が起こった。その際、反乱を抑える説得に失敗したモクテスマは殺され、テクイチポはアステカ族によって奪還された。そしてあらたに皇帝の座に就いたクイトラワックの后に彼女が選ばれたが、若すぎたことと、その皇帝がじきに病死したことで、この婚姻は実行されなかった。

つぎに、アステカ帝国最後の皇帝となるクアウテモックとの結婚が決まったが、クアウテモックがスペイン軍に捕らえられて、アステカ帝国が崩壊したことにより、これも実現しなかった。

そこでふたたび、テクイチポはスペインの征服者側に戻ったのである。コルテスは彼女の代父となって洗礼を授け、スペインのイサベル女王の名をとって、彼女をイサベルと名づけた。さらにコルテスは彼女を部下の一人、アロンソ・デ・グラドと結婚させた。かれは植民地体制が確立したのち、財務官や巡察吏になった男である。しかしこの結婚では子どもが生まれなかった。

この夫が死ぬと、イサベルはコルテスのもとに戻り、かれの子を宿すが、コルテスはイサベルをペドロ・ガジェーゴ・デ・アンドラーダと結婚させてしまう。コルテスとのあいだに生まれた女の子はレオノールと名づけられた。またガジェーゴ・デ・アンドラーダとのあいだにはファンとよばれた男の子が生まれた。この四番目の夫が死ぬと、ファン・カーノ・デ・サアベドラと五度目の結婚をし、かれとのあいだに五人の子どもを残した。

イサベルは生涯に、合計七人のメスティソを産んだことになる。そのあいだに彼女はすっかりスペイン風貴婦人に変身していたらしい。しかし一五五〇年にメキシコ市で死去するとき、アステカ帝国とスペイン植民地という、ふたつの男性中心社会を生きた元アステカ王女の胸中には、どのような思いが去来したであろうか。

モクテスマの子孫を捜し求める

一九九二年、わたしがスペインへ行った際、むかし読んだ日本のふるい本に、モクテスマの直系、つまりイサベルとファン・カーノ・デ・サアベドラの三男の子孫が、スペインのサラマンカに住んでいるとあったので捜してみた。その人の名はアグスティン・マルドナード・イ・カルバハル・カーノ・モクテスマ（カステジャーノス侯爵）という。もちろん現在、その人物自身が生きているはずもないが、その息子か孫なら住んでいるだろう。しかしサラマンカで突き止められたのは、カステジャーノス宮殿という名のホテルだけだった。かつての宮殿を改築したそのホテルの受付の女性に、この件についてた尋ねたところ、アグスティン・マルドナード氏の娘がたずねてきたことはあるが、どこに住んでいるかは知らないという。

そこでサラマンカ大学の歴史の一教授に聞いたが、「カステジャーノス侯爵なら五、六年前に亡くなり、夫人もこの市にはもう住んでいない。ともかくモクテスマの子孫云々といった話は聞いたことがない」と語り、こうした事柄が、当地では完全に歴史の片隅に埋没してしまっていることを思い知らされたのである。

他方カセレスの町には、長いこと廃墟同然になっていたふるい建物を修復して、地方史料館として開館したばかりの、モクテスマ宮殿(トレド・モクテスマ宮殿)がある。この建物の一室には、一五九七年から一六〇八年にかけて描かれたと思われる、征服時代のメキシコ各地の王たちをテーマとした壁画が存在する。さっそく館長に会って、この建物の由来について聞いたが、「自分もよく知らないので、目下、史料を収集中だ」といって、その一部をコピーしてくれた。

それによれば、イサベルと結婚したファン・カーノ・デ・サアベドラは、このカセレスの出身であった。両人の三番目の息子ファン・カーノ・モクテスマは、父親の故郷カセレスに戻り、この町でエルビーラ・デ・トレドという名の女性と結婚した。この婚姻でトレド・モクテスマ家が誕生したのだという。確かにモクテスマの子孫が、ある時期この建物に住んでいたことだけはまちがいないだろう。

混血文化の象徴、グアダルーペの聖母

スペイン人と、「インディオ」とよばれた先住民の痛いたしい出会いによって、あらたな人びとが生まれた。それがメスティソであり、特にメキシコでは現在、国民の大部分がメスティソなのである。しかし植民地時代初期には、かれらは、支配者のスペイン人社会にも、また被支配階級の先住民社会にも属さない周辺的な存在だった。このほか、先住民人口が消滅したり、すくなくなってしまったアメリカ大陸のその他の地域では、労働力を確保するため、大量のアフリカ人を奴隷として導入した。

植民地時代には、白人と黒人あるいは先住民といったさまざまな組み合わせからなる混血が生まれ、白人を頂点とした、皮膚の色の序列によるピラミッド型の社会階級がつくりだされたのである。また、スペイン的なものと土着的なものとの融合は、人種のあいだだけでなく、文化の面でも起こった。それらの例は、植民地初期の教会建築や十八世紀のバロック芸術のなかにいろいろとみられよう。

メキシコにおいて、スペイン人、先住民、それにメスティソというばらばらの存在を、ひとつに結び付ける象徴と考えられたのが、グアダルーペの聖母である。グアダルーペの聖母というのは、一五三一年、メキシコ市北部にあるテペヤックの丘で、土地の先住民ファン・ディエゴの前に出現した聖母マリアのことである。聖母は、その場所にカトリック教会を建て、司教スマラガのもとに花を毛布に入れて、もって行けと命じた。すると、花が消えて、代わりに聖母の姿が印されていた、といった奇跡を起こしたと伝えられている。

〈上〉メキシコ市にあるグアダルーペ聖堂。12月12日のグアダルーペの聖母の祝日には、おもに先住民たちの奉納踊りがみられる。この聖母はかれらにとっての女神なのである

〈下〉1531年、テペヤックの丘で土地の先住民フアン・ディエゴの前に、グアダルーペの聖母が出現した。この絵はテポストランにある、イエズス会旧修道院内の教会に描かれている

アステカ時代、このテペヤックの丘は豊饒の女神トナンツィン（われらの御母）を祀っていたところであり、征服後そこに、グアダルーペの聖母が出現したという現象のあいだには、土着宗教とキリスト教の習合現象がみられると解釈されている。一方、先住民たちは、この褐色の聖母マリアを自分たちの女神の再来と信じ、それ以後、かれらのキリスト教への改宗も大いに進んだとのことだ。

メキシコ人はこのグアダルーペの聖母を、テペヤックにあらわれた自分たち固有の聖母だと百パーセント信じているが、スペイン人はどうもそうではないらしい。そこでわたしは、スペインのエストレマドゥーラ地方にあるグアダルーペをたずねてみた。そこでもその地にあらわれた聖母を祀っているからである。十四世紀前半、ヒル・コルデロという一人の牧童の前に聖母が出現した。さらにその場所で聖像が発見されたことから、ここにその像を祀る聖堂が建てられた。その聖母がグアダルーペの聖母なのである。その後十四世紀末には、ここに壮大な僧院が建立された。この教会にある木彫の聖母像も褐色の肌をしたマリアである。

グアダルーペ信仰の皮肉な符合と差異

コロンブスはエストレマドゥーラ地方のグアダルーペ僧院を何度か訪問している。一四八六年には、当時、この地に滞在していたイサベル女王とここで会った。一四八九年には、自分の計画が実現するよう、この僧院の聖母に祈願している。また一四九三年には、アメリカ大陸到達を感謝するためにグアダルーペをおとずれ、さらに二度目の航海から戻ってきた一四九六年には、ここでアメリカ大陸から連れてきた二人の先住民に洗礼を受けさせている。

他方、メキシコの征服者エルナン・コルテスも、一五二八年にグアダルーペをおとずれ、聖母への感謝のしるしとして、黄金細工などを寄進している。このように、コロンブスをはじめとして、征服者たちとエストレマドゥーラのグアダルーペの聖母との結び付きはきわめて強い。しかもメキシコのグアダルーペの聖母像は、エストレマドゥーラのグアダルーペ僧院の聖堂内陣に一四九九年に安置されたといわれる御宿りの聖母像とかなり似ているのである。

しかしメキシコ人は、ファン・ディエゴの前に出現して奇跡を起こした聖母がグアダルーペの聖母であり、スペインの影響がみられるとすれば、その名前だけだと考えている。いずれにせよ、スペインではエストレマドゥーラのグアダルーペの聖母が「イスパニダー」、つまりスペインとラテンアメリカを精神的に結ぶ統合のシンボルとみなされている。したがって両者の結束をうながすような内容の公式行事は、グアダルーペ僧院でおこなわれる。しかしそれ以外は山間に眠る静かな観光地といった感じである。

他方、メキシコにおいてはグアダルーペの聖母がこの国の民族主義と結び付き、「国民統合」のシンボルとなっている。一八一〇年、スペインからの独立のために立ちあがったミゲル・イダルゴたちは、その軍旗として、テペヤックの丘にあらわれたグアダルーペの聖母像の旗をもちいたが、これはそのよい例であろう。メキシコ市にあるグアダルーペ寺院は、メスティソや先住民など庶民の生きた信仰の対象として、いつも熱心な信者であふれている。そのうえ、メキシコのグアダルーペの聖母は、この国だけでなく、アメリカ大陸全土の守護の聖母でもある。スペインとメキシコにおけるそれぞれのグアダルーペの聖母に対する両国民の意識のちがいに、双方の文化のちがいが存在するともいえよう。

一八二一年、クリオージョによる独立

現代のメキシコを理解するには、他のラテンアメリカ諸国の場合も同様だが、その独立戦争がどのような原因ではじまり、どのような階層の人物が指導したかを知る必要がある。そうすれば、一八二〇年代という早い時期に独立したにもかかわらず、植民地時代につくられた階級格差の激しい社会が、なぜ是正されずにいるかがわかるだろう。植民地時代の社会は、先住民や黒人など、皮膚の色のちがいによって区別されていただけでなく、おなじスペイン人でも、スペイン生まれの者とアメリカ大陸生まれの者のあいだにも、差別があったのである。

植民地における政治を牛耳っていたのは、スペイン本国から派遣された副王をはじめとする役人たちであって、征服者や初期の植民者の子孫であるクリオージョとよばれる人びとは、そうした役職から除外されていた。したがってクリオージョの不満は時代とともに高まっていった。そのうえ、フランス革命やアメリカ合衆国の独立の影響で、クリオージョの知識人は独自のアイデンティティを形成するようになった。さらに、スペインがフランスのナポレオンによって侵略され敗北したことが直接の引き金となって、ラテンアメリカ各地で独立戦争が勃発したのである。

メキシコでの独立運動の指導者も、ドローレスという田舎町のクリオージョの司祭ミゲル・イダル

ゴであった。かれは一八一〇年九月十六日、教会の鐘を打ち鳴らしながら、植民地政府打倒に立ちあがった。したがってその内容はスペイン人同士の内戦といった性格のものであり、第二次世界大戦後、アジア・アフリカのおおくの国が独立したのとは、かなり内容がことなっている。ましてや先住民が支配者のスペイン人に対して反乱を起こした、というようなものではけっしてなかった。

メキシコのクリオージョの思想的なささえは、メキシコ的なものの象徴といえるグアダルーペの聖母であった。またクリオージョのあいだに、先住民についての関心も高まったが、それは過去の先住民の歴史や文化であって、現在の先住民ではなかった。

メキシコの独立は、幾多の変遷を経て一八二一年に達成されたが、植民地時代の社会体制はそのまま受け継がれた。スペイン本国人の座にクリオージョが就いただけで、抜本的な社会改革はなされなかった。特に先住民は、「法のもとの平等」という名目で、かれらに残されていたいくつかの特権も剥奪された。さらに自由競争の原理の乱用で、かれらは植民地時代よりもひどい状況に追いやられた。貧富の差も個人の能力のちがいの結果として正当化されたのである。

先住民共同体の土地は、自作農の創出という農村の近代化の障害になるとして、接収されたことで、その住民のおおくが結果的に土地を失い、かれらは大地主の土地で働く小作人にならざるをえなかった。特にポルフィリオ・ディアスの時代(一八七六〜一九一一年)には、先住民は文化的にも遅れた存在として、近代化の敵とさえみなされたのである。

この時代、確かに外国資本の導入で経済は活況を呈し、メキシコ市などでは、フランス風の豪華な建物が建てられたり、国じゅうに鉄道が敷かれたりして、近代化は推進された。ただしその恩恵にあずかったのは、クリオージョなど一部の特権階級だけで、メスティソや先住民からなる国民の大半は取り残されたのである。

革命とメスティソのアイデンティティ

一九一〇年に勃発したメキシコ革命は、民衆が立ちあがった二十世紀最初の革命として知られている。メキシコはこの革命を経験してはじめて、社会的にも文化的にも自立した。それゆえこの革命は、第二の独立ともよばれるのである。

メキシコ革命は大統領選をめぐって起こった。独裁者ディアスと、かれの再選に反対する地主出身の民主主義者のフランシスコ・マデロのあいだで、激しく選挙戦が展開されたが、投票日の直前にマデロが投獄されたため、選挙はディアスが楽勝した。これに対してマデロは、釈放後、選挙の無効を主張し、一九一〇年十一月二十日を期して、武力闘争に立ちあがるようよびかけた。下層の農場労働者出身のパンチョ・ビジャや、先住民の血が濃い農民のエミリアーノ・サパタがその戦いに参加したことで、ディアス政権はもろくも崩壊した。

一九一一年六月、マデロは熱狂的な歓迎を受けてメキシコ市へ凱旋した。サパタはマデロと会見し、土地の返還に関する約束を実現するように要求したが、マデロは逆にサパタ派の武装解除をせまった。マデロは同年十一月に大統領に就任したが、農地に関する改革をなにも実現しなかったため、サパタ

メキシコ市の国立宮殿の壁面に描かれている、リベラ作の「メキシコの歴史」。この部分には、スペイン人によるアステカ帝国征服から1910年のメキシコ革命までが描かれている

写真・柴永文夫

はマデロ政権に対して反旗を翻したのである。

その後、マデロは腹心のウエルタ将軍の裏切りにあって暗殺された。この反革命に対して、ビジャ、サパタなどの革命勢力を結集した、打倒ウエルタの戦いがはじまった。その第一統領がコアウイラ州知事だったベヌスティアーノ・カランサである。ウエルタが亡命したあと、カランサがあらたに大統領の座に就任し、有名な一九一七年憲法を制定した。この憲法には、サパタ派が望んでいた農地改革の基本となる条項などが盛られたが、穏健派のカランサと過激派のサパタの対立はその後もつづいた。最後は、サパタがカランサ派の将校へスス・グアハルドの策略にかかって暗殺されることで終わった。征服以来、奪われてきた自分たちの土地を奪還しようとしたサパタの試みは挫折したが、いまでもサパタは、土地の再分配を願う農民たちにとって、シンボル的存在なのである。

メキシコ革命の混乱期は、一九二〇年に、革命のもう一人の指導者であるアルバロ・オブレゴンが、政権の座に就いたことで終結した。以後、メキシコではあらたに民族主義的な国家へと再建がはじまった。その変革の中心人物になるのが、文部大臣のホセ・バスコンセロスだった。かれは国民教育のほかに、国民文化の創造にも情熱をもやし、公共建築の壁面を、リベラ、オロスコ、シケイロスといった画家たちに開放して、革命の精神を具現するような壁画を描かせた。これが世界的に高く評価されている壁画運動とよばれるものである。

メキシコ的なものの探求は美術にかぎらず、あらゆる分野でおこなわれた。その場合、メキシコ的なものというのは、スペイン的なものとインディオ的なものの融合、つまりメスティソ的なものを意味した。バスコンセロスは一九二五年に『宇宙的人種』という本を著わしたが、そのなかで、白人などの単一人種よりも、それらすべての人種の血をひく混血こそが、未来の世界を担うべき人種だと考え、メキシコをはじめとするラテンアメリカの混血はそれにもっとも近い存在だとした。

かれがあえてこのような楽観的すぎるともいえる考えを発表したのは、西洋的な教育で混血は白人よりも劣ると教えこまれてきたラテンアメリカ人に、自信を与えるためであった。ともかくメキシコ革命以降、クリオージョに代わって、メスティソがメキシコの民族的アイデンティティのシンボルになったのである。

したがって、メキシコ革命の落とし子といえる、インディヘニスモとよばれる先住民に対する政府の施策も、僻地に住み、公用語のスペイン語を十分に話さず、土着語を使っているかれらに、スペイン語を教えて、国家に統合することを目的としていた。いい換えれば、それは多様でゆたかな文化をもつ先住民のメスティソ化を意味した。また、織物や土器など、民芸として評価できるもの以外のかれらの文化は、遅れたものとして、西洋文明と代えるべきだとされたのである。

多様なるメキシコへのあらたなる視点

メキシコ革命から長期にわたって政権の座にある制度的革命党（ＰＲＩ）の政治を批判する大規模な学生運動が、メキシコ・オリンピックがおこなわれた一九六八年に起こった。これは、硬直化した政治に対してよりいっそうの柔軟性を求めたものだと解釈されているが、現代文明の方向性への疑問から勃発したパリの五月革命など、先進国の学生運動に触発されたものでもあろう。こうして世界的に価値観の多様化が叫ばれるようになり、アメリカでは、ブラック・パワーやインディアン・パワーとなって爆発したのである。

メキシコではそれがインディヘニスモ論争となってあらわれた。一九七一年、エチェベリア大統領が主宰する、ＩＮＩ（国立インディヘニスモ研究所）の特別審議会が開催されて、その論争にひとつの断がくだされた。従来の目標では、「インディオ解放の理想がインディオの否定」につながるとして、固有の文化を保持したままの先住民を国家に統合する、というあらたな方針が提唱された。換言すれば、メスティソという単一民族・単一文化の国家づくりから、多民族・多文化の根を残したままの国家づくりへと移行しようというのである。そこで、スペイン語のほかに土着語を教える二言語教育などが推進されるようになった。

総人口約九千万(一九九二年)のうち、一割の約九百万人が先住民であるといわれるメキシコには、それぞれ文化や言語のことなる五十六の民族集団が存在する。そのなかには百三十八万人のナワトル族、六十七万人のマヤ族から、千人に満たないラカンドン族やセリ族までが含まれている。したがって、それぞれの固有文化がどの程度存続しているかも千差万別だが、共通しているのは、かれらが征服以来、従属民として差別され、搾取されてきた存在だということ、それに自然との共生を大切にする、いわゆる循環の宇宙観のもち主だということである。

近年、こうした先住民の思想や、かれらの自然の有効利用に関する知識についての認識がかなりひろまってきている。しかし現実には、メスティソを民族的アイデンティティのシンボルとして認めたうえでの、西洋文明を基盤とした文化が依然支配している。そのうえ、一九九二年十二月、メキシコ、アメリカ、カナダのあいだで北アメリカ自由貿易協定が調印されたこともあり、マクドナルドなどの進出で象徴される、アメリカ化がすさまじい勢いで進んでいるのが実情である。また最近では、教育の近代化ということで、歴史教科書などの書き替えが決定している。しかし、それはあらたなメキシコ的視点に基づくものとなるのだろうか。メキシコの伝統的な課題である経済格差と先住民問題を解決し、それに深刻化する自然環境の破壊を食い止めるには、従来のものとは発想を異にする視点から文明の構想を練るべきだ、とわたしは考えるのである。それは、征服以来のすべての経験から得られたもの、それに従来、無視されていた先住民の知恵も取り入れた、この国ならではの新構想でなくてはならないだろう。しかし現実は、こうしたことへの関心は高くなく、先進国同様、発展と物質的ゆたかさという幻想を求めてまっしぐらに進んでいるようにしか思えない。だが、こうした方法だけでは、貧富の差は是正されないし、環境破壊は深刻化することだろう。いかなる人間も死ねばおなじカラベラ（骸骨）にすぎないはずだ。もう、そうあくせくするのはやめて、五百周年を契機に、ここらへんで発想を転換しないと、メキシコ人の大好きなカラベラが、それこそ笑いだすにちがいない。

世紀末から新世紀へ

紀元二〇〇〇年、つまり世紀末のメキシコでは、七十一年ぶりに野党ＰＡＮ（国民行動党）のビセンテ・フォックスが大統領選で勝利した。この歴史的な出来事の当事者となったかれの経歴をみると、メキシコ市にあるイベロアメリカ大学にわたしとおなじ一九六〇年に入学した人物である。その後は、メキシコ・マクドナルドの社長、グアナフアト州の知事を歴任した。かれが勝利したのは、「変革」を標榜した公約に、メキシコ人のおおくが期待したからであろう。とにかくこれはあらたな時代への幕開けを予感させた。大統領選の印象をメキシコに住む友人の古川玲子さんは、メールでつぎのように伝えてきた。

こちらはいま、ＦＯＸの勝利で街は沸いています。昨晩など、開票も始まる前でしたのに、Ｆ

OXの勝利が確定したと、実に大勢の人びとが独立記念塔のところに集まり、FOX氏を囲んでいました。わたしたちはもちろんテレビでみていたわけですが、あまりのすごさに驚嘆いたしました。「民主主義の勝利」という言葉をみな、口にしています。YOLOTL先生も、とにかく七十一年間つづいてきたPRI支配が変わるだけでも喜ぶべきことだとおっしゃっていました。選挙が公正におこなわれるという大部分の先進国では当たり前のことが、ここではやっと実現した！　と友人たち、TVのアナウンサーたち、みな顔を紅潮させていっています。ただ、FOXに投票した人のほとんどは彼の政策などを支持したわけではなくて、単に変化を求めたわけなので、今後、どうなるのかすこし不安な気もしますが、とにかくすごい熱気です。

大統領選の熱気が冷めやらぬこの年の十月、わたしはメキシコへ行き、二〇〇一年三月まで滞在した。メキシコのあらたな状況をじかに知りたかったからである。

まず先住民問題で揺れるチアパス州へ行ってみた。意外にも都市や観光地だけならメキシコ市よりも安全ではないかという気がした。州都トゥストラ・グティエレスの広場では、夕涼みがてらマリンバの演奏に合わせて老若男女が踊っていた。先住民が地方から集まるサン・クリストバル・デ・ラス・カサスでも、観光ガイドは治安が安全なことを力説していた。そして実際に、町には外国人観光客の姿がおおかった。

この町のはずれにあるINIで、所員の話を聞いた。かれによれば、先住民のおおくがスペイン語との二言語使用者で、なかには医者や技師や弁護士などになっている者もいるとのことだ。また先住民は、以前のように孤立した共同体にとどまっているだけでなく、出稼ぎ者もおおい。それに全国各地の先住民と連帯する組織もある。

先住民の村チャムラも一九六六年におとずれたときとくらべると、びっくりするほど変化していた。戦前の日本の農家を思わせた伝統的な土壁にシュロの葉を敷いた屋根の家はすでに姿を消し、代わりに見世物用として復元された家があったが、伝統的なものとはくらべものにならない粗雑な造りで、それも荒れるにまかせていた。教会前にはキオスコ（野外音楽堂）が建てられ、教会も派手な色に塗り替えられていた。ただ教会内部で、ロウソクを立て、コカコーラを供え物にして祈る姿はむかしのままだった。広場では目出し帽姿のサパティスタの人形やマルコス副司令官の写真が観光客のみやげとして売られていたが、その写真が本物のマルコスかどうかはわからないと思った。

最近、発掘と修復がおこなわれたマヤ古典期末期のトニナー遺跡を見物に行く途中、サパティスタ国民解放軍（EZLN）と国軍との戦闘の舞台のひとつとなったオコシンゴの町に立ち寄った。そこは昼どきだったせいか異常なほどガランとしていた。町議会の建物はきれいに塗り替えられ、装甲車と兵士の姿が目につくだけであった。ただ、近くの家の壁には「EZLN万歳」「サパタ万歳」といった落書きがあった。トニナー遺跡の手前の道路には巨大な国旗を掲げた軍のあたらしい駐屯地があり、かなりきびしい検問がおこなわれていた。この年の七月には、遺跡に建てられた博物館の開館式に当時のセディジョ大統領が出席したそうだが、とにかく、主要道路と観光スポットの安全は一応、確保されているという印象を受けた。

トニナー遺跡への観光客はまだすくないが、おなじチアパスにあって、ユネスコ世界遺産にも登録されているマヤ遺跡パレンケはかなりの外国人観光客で賑わっていた。遺跡から近いパレンケの町も、いまではホテルがいくつも建ち、周辺の観光の拠点となっている。ここからマヤ古典期の壁画で有名なボナンパックへ出かけてみた。早朝、観光バスやその他の旅行者の車は高速道路を警察の車に先導されてキャラバン隊のような形で出発する。実際は、EZLNのゲリラ活動に遭遇したことはないようだが、万一を考えて、旅行者の安全のためにおこなっているとのことであった。

途中から「ラカンドンの森」というジャングル地帯を行く。サパティスタの反乱があったあと、一九九八年までは立ち入り禁止だったがいまは解除されている。また、検問も何個所かであったが、これはおもに麻薬のチェックとグアテマラからの密入国者を取り締まるためだそうである。ボナンパック遺跡は周辺に住むラカンドン族とINAH（国立人類学歴史学研究所）によって共同管理されている。したがって、遺跡の入口は長髪でウイピル（ユカタン半島のマヤ系先住民のあいだでは、足首まである長い貫頭衣）というむかしながらの姿のラカンドン族が管理運営している。しかし、そこで有名な古代壁画の見張りや遺跡の案内をしている少年たちはすでに都市の同年代の者とおなじような開襟シャツにズボン姿をしていた。また、近くのジャングルのなかにあるラカンドン族の村ラカンハなどへの移動には、自家用のワゴン車を使っている。つい昨今まで、秘境に住む純粋な古代マヤ人の末裔といわれたラカンドン族だが、いまはもうかれらもすでにグローバル化時代の人間なのである。

二〇〇〇年十二月十八日、海抜五四五二メートルもある富士山そっくりのポポカテペトルが、突如真っ赤な炎をあげて噴火した。テレビはその模様を刻一刻と中継していた。わたしもそのテレビの画面に釘づけになった。幸いその噴火は一時的で、すぐに煙を吐くだけになり、実害はほとんどなかった。これはあらたな時代の到来を告げる巨大な打ち上げ花火のように思えたものである。

メキシコ人はこうして二〇〇一年、つまり二十一世紀入りを大いに期待して迎えたのである。一月十六日のテレビによれば、メキシコ人の六二パーセントが昨年よりもよくなる、二七パーセントが変わらないと答えたとのことである。これはアメリカ大陸だけでなく、世界でもっとも楽観的な数字だと報じていた。

いうまでもなくこれは、万年与党PRIの大統領候補に七十一年ぶりに野党PANのビセンテ・フォックスが勝利したことから生まれた変革への期待である。特にかれは、先住民問題をただちに解決すると公約していた。

そこで二〇〇一年二月二十五日、マルコス副司令官などのサパティスタ国民解放軍の代表団が車を連ねて首都へ行進し、三月二十八日には、メキシコ連邦議会での対話が実現した。かれらはその後無事チアパスに帰還し、政府による先住民問題の解決を待ったのである。

だが期待もここまでだった。四月二十八日、連邦議会で「先住民法」が採択されたが、それはサパティスタなどが要求していたものとはほど遠く、先住民の期待は裏切られたからである。

ノーベル平和賞受賞から十年目の現実

加えて二〇〇一年九月十一日には、米国のニューヨークで同時多発テロが発生した。この影響でメキシコでも先行きに対する楽観論は急速に消えていった。さらに米国経済の悪化も、メキシコ経済の低迷に色濃く反映している。

二〇〇二年二月二十六日、わたしはメキシコ市に、グアテマラの先住民でノーベル平和賞を一九九二年に受賞したリゴベルタ・メンチュウをふたたびたずねた。その一年前に会ったとき、彼女の両親や兄弟をはじめとして二十万人もの民衆（その多くが先住民）虐殺したグアテマラ軍部の蛮行について、メンチュウがスペインの最高裁判所の法廷に告訴したことを尋ねた。彼女は、当時のグアテマラ政

1992年度のノーベル平和賞受賞者であるリゴベルタ・メンチュウは、国連の親善大使として世界の先住民の先頭に立って活躍している。2001年２月22日、メキシコ市でメンチュウと著者

府や軍部の最高責任者まで追い詰めることができるか否かわからないが、正義のために闘いつづけると、決意を語った。しかしこの告訴は、予想されたことではあったが却下されてしまった。わたしが再訪した二週間ほど前に、最高裁判所が前判決の破棄への手続きを認めたので、メンチュウはほっとしていたものだが、その後、彼女たちの告訴に対して再度、否定的な判断がくだされた。したがって彼女の長くてきびしい闘いはまだ終わっていない。

メキシコでは二〇〇〇年に人口が一億人を突破した。新自由主義経済体制のもとで経済は発展をつづけているが、この国の伝統的な問題といわれる貧富の格差に変化はない。それは、経済規模が拡大しても、人口の急増のために、格差を是正することができないからである。

またメキシコでは、この国に存在する多様な文化への認識が進んでいる一方、アメリカ化があらゆる面で浸透している。メキシコも地球号の一員として、筋書きのない時代を生きているのである。

あとがき

わたしは学生のころ、メキシコ古代文明の発生について関心をもった。それはもしかすると、その発生にアジアからの文化的影響があったかもしれないという説を耳にしたからだ。それに知的好奇心を駆り立てられて、卒業と同時に、メキシコへ留学した。この国に丸四年も滞在できて、しかも修士課程まで修了できたのは、留学先の大学関係者や日系人のお陰であった。そうした親切に対して、わたしができることは、メキシコの人と文化のすばらしさを伝えることと、日墨友好関係の促進に寄与することである。

メキシコ文化の魅力は古代だけでなくて、現代もそうである。その西洋的な様相の背後には先住民的なものもみられるし、両者が融合している場合もすくなくない。それがメキシコの特徴であるが、こうした文化のゆたかさを日本人に知ってもらいたいものだ。

ところで先住民は、かつての古代文明を築いた者たちの子孫であるにもかかわらず、ともすれば周縁的な存在として忘れられている。メキシコ料理としてわが国でも人気があるトウモロコシやトウガラシを主体とした料理は、先住民の家庭料理だし、メキシコの土産物として喜ばれている民芸品もかれらがつくる生活用品である。植民地時代以来、かれらに対する差別や偏見は、いまでも解消されたとはいえないが、かれらこそ自然との共生を実践している人びとである。学ぶべきはむしろわれわれのほうなのである。

今回、わたしがこれまで書いてきたものを加筆・訂正して一冊にまとめるようにと勧めてくれたのは、フリーの立場で編集にあたる木村滋氏である。氏には『季刊民族学』の編集長時代にもいろいろとお世話になった。ここにあらためて衷心よりお礼申し上げたい。また装丁・レイアウトを担当してくださった柴永文夫氏にも心から謝意を表したい。

つぎに掲載した論文の初出の雑誌名等を記しておこう。

「あるウィチョール族の生活」『季刊民族学』三一号、一九八五年
「ケツァルとボラドールの踊り」『季刊民族学』三五号、一九八六年
「メキシコ　民話と祭り」『季刊民族学』二〇号、一九八二年
「オアハカ　追憶の旅」『季刊民族学』七一号、一九九五年
『メキシコにかける夢――荻田政之助と日系移民の世界』（高山智博編著）平凡社、一九八六年
「オクタビオ・パス氏の思い出」『AGUILA　Y　SOL』（日墨交流会会報）一三号、二〇〇二年
「メキシコ　一九九四年――NAFTAとEZLN」『変動するラテンアメリカ社会』（グスタボ・アンドラーデ／堀坂浩太郎編）彩流社、一九九九年
「メキシコ文化　思索の旅」『季刊民族学』六五号、一九九三年

最後に、わたしのたび重なるメキシコ行きに対して何ひとつ文句もいわず暖かく見守ってくれた亡き両親の霊前に本書を捧げたい。

二〇〇三年六月

高山智博

高山智博《たかやま　ともひろ》

一九三七年、東京に生まれる。一九六〇年上智大学外国語学部イスパニア語学科卒業、同年メキシコのイベロアメリカ大学人類学部第一期生として留学、一九六四年修士課程修了。上智大学名誉教授。

専攻はメキシコ古代史を中心としたラテンアメリカ文化史。

主な著書に、『アステカ文明の謎――いけにえの祭り』（講談社現代新書、一九七九年）、『メキシコの旅　ブルーガイド海外版』実業之日本社、一九六八年）、『メキシコにかける夢――荻田政之助と日系移民の世界』（平凡社、一九八六年）など。

主な共訳書にオクタビオ・パス『孤独の迷宮――メキシコの文化と歴史』（法政大学出版局、一九八二年）、オスカー・ルイス『貧困の文化――メキシコの〈五つの家族〉』（ちくま学芸文庫、二〇〇三年）など。

メキシコ多文化《たぶんか》 思索《しさく》の旅《たび》

2003年7月20日　1刷印刷
2003年7月30日　1刷発行

著　者　高山智博《たかやまともひろ》

発行者　野澤伸平

発行所　株式会社 山川出版社
〒101-0047　東京都千代田区内神田1-13-13
電話　03(3293)8131(営業)　8134(編集)
http://www.yamakawa.co.jp/
振替　00120-9-43993

印刷所　株式会社 精興社
製本所　株式会社 手塚製本所
編集協力　木村 滋
装　幀　柴永文夫+中村竜太郎
本文DTP　柴永事務所

ISBN 4-634-64890-3